L'exorcisme et la possession démoniaque

© Éditions La Rose du Soir
ISBN : 978-2-37846-004-4

Marie d'Ange

L'exorcisme et la possession démoniaque

« On ne devient pas exorciste tout seul, si ce n'est très difficilement et au prix d'erreurs inévitables au détriment des fidèles »

Dom Gabriele Amorth

Préambule

Grâce à mes recherches effectuées pour le blogue « Possession et Damnation » que je tiens, je me suis aperçue de l'engouement porté au Diable et cela pour diverses raisons. Certains ont peur de lui, d'autres le nient, d'autres encore le louent. Je suis du côté de ceux qui le combattent. Je ne suis pas exorciste, car seul un prêtre peut l'être, mais je suis de ceux qui croient au pouvoir de l'exorcisme et en Jésus-Christ.

Dans cet ouvrage, je vais faire le tour de ce personnage biblique qu'est le Diable, de la possession diabolique, des croyances qui l'entourent... le tout dans une vision profondément chrétienne, car je reste persuadée que l'on ne peut repousser le Diable sans invoquer Jésus-Christ.

Il est important de savoir que Jésus-Christ était le premier exorciste. Avant lui, on ne savait pas repousser le démon. Jésus-Christ nous a montré comment faire. Il a légué ce pouvoir à ses disciples et à tous ceux qui croient en lui. Et cette dernière phrase est importante : pour repousser le Diable, il faut croire en Jésus-Christ.

Donc, seuls ceux qui croient en Jésus-Christ peuvent repousser le démon. C'est un fait important qu'il est utile de bien comprendre. L'islam, les bouddhistes, les juifs n'ont pas le pouvoir de repousser le démon. Et encore moins les sorciers ou ceux qui se présentent magiciens ou guérisseurs. Cela je l'expliquerai dans la suite de ce livre.

Montrer que Satan existe est important, car c'est une des conditions qui nous permet de lutter contre lui. La deuxième condition est de croire en Jésus-Christ et à la Vierge Marie. Nier l'existence du diable est une hérésie de notre monde moderne. Et lorsque je vois toutes les atrocités de ce monde, je me dis que l'on est bien dans le règne de Satan ou du « Prince de ce monde » comme Jésus l'appelait.

Je ne vais pas vous faire un cours sur la religion chrétienne, cela n'est pas mon but, mais simplement, sachez que le démon existe et que ses pouvoirs sont devenus de plus en plus forts à cause des chrétiens qui ne croient plus en lui et qui nient son existence. Certains curés ne veulent pas que l'on pratique des exorcismes dans leur église. En se faisant, ils commettent un énorme péché, car leur devoir est d'aider les pauvres âmes aux prises avec Satan.

Sachez aussi que depuis une vingtaine d'années, les exorcismes se multiplient. Chaque année, il y aurait plus de 1500 demandes d'exorcisme pour le seul diocèse d'Ile-de-France. Et ce chiffre est en constante augmentation. Parmi ces 1500 demandes, tous ne sont pas possédés. Mais certains le sont, peut-être une dizaine. Cela s'explique par le fait que les possédés ne se tournent pas vers le prêtre. Souvent, c'est la famille qui fait appel au prêtre et souvent la famille préfère les médecins, les rebouteurs, les sorciers... Donc, la plupart des possédés sont dans la nature.

Revenons quelques instants à ce chiffre de 1 500 qui est énorme. 1 500 personnes qui sont en grande souffrance, et cela pour le seul diocèse d'Ile-de-France, chaque année ! Reportons ce chiffre à la France entière. Sachant que la France comptait 18 régions avant la réforme (je garde ce nombre, car l'Église n'a pas changé ses diocèses depuis la réforme des régions), cela fait environ 27 000 demandes d'exorcisme pour la France entière. Et transposons ce chiffre dans les pays catholiques. Là, ça devient vraiment énorme. Par cette démonstration, je veux faire comprendre qu'il y a un malaise mondial et que le mal est en train de gagner du terrain.

Dans le monde entier, sataniques et illuminati se multiplient et revêtent plusieurs visages : banquiers, chefs d'entreprise, extrémistes, chanteurs, journalistes, écrivains, hommes politique... Ce qui fait que le monde tourne mal. Ceux-là vouent un culte à Satan. Ils sont disciples du démon à qui il confère des pouvoirs destructeurs et dévastateurs. Je reviendrai sur ce point.

Mais Satan a aussi trouvé un autre moyen de toucher les jeunes et ce moyen s'appelle la magie, le spiritisme. Voyez comme la magie est banalisée et accessible ! Il est très facile d'acheter une planche Oui-Ja sur internet. Il est même plus facile d'acheter un jeu de cartomancie, une planche Oui-Ja, un manuel de sorcellerie, qu'un bon manuel de spiritualité ! J'ai même trouvé, dans une boutique banale, un jeu de Oui-Ja pour enfants à partir de six ans ! Quelle fut ma colère ! Regardez dans les magazines, il y a souvent des articles qui montrent comment tirer les tarots...

Tous ces accessoires sont des outils sataniques ! Trop facile pour le démon qui recrute, alors, de nouvelles âmes en ces temps de pénurie de foi !

Les démons peuvent donc tenter l'homme par différents stratagèmes afin de recruter des disciples, mais il peut aussi tourmenter et posséder un homme qui ne veut pas de lui ! C'est ce qu'on appelle la possession démoniaque, la vexation, l'obsession et l'infestation. Et c'est de cela que l'on va parler dans cet ouvrage.

Parfois, il peut aussi persécuter les croyants, comme il l'a fait pour Saint Paul de la Croix, le Curé d'Ars, Padre Pio... qui furent frappés et flagellés.

C'est avec foi que je vous livre ce que je sais, ce que j'ai appris, ce à quoi je crois, afin de vous aider à vous libérer du démon, afin de vous aider à combattre le Mal Absolu, de le reconnaître et de le chasser.

Je ferai régulièrement référence, tout au long de cet ouvrage, à des démonologues (Collin de Plancy, Jean Wier, Édouard Warren...) et aussi à des prêtres-exorcistes qui ont bien voulu partager leurs connaissances du Malin et leurs expériences dans des ouvrages que j'ai pris soin d'étudier. Je pense notamment au Père Gabriele Amorth ainsi qu'au Père Candido Amantini qui ont lutté contre les forces démoniaques.

J'essaierais de vous donner de nombreux points de vue des différents démonologues, de prêtres, ainsi que des croyances et mon point de vue personnel. Vous n'êtes pas obligé d'y adhérer. À vous de faire le tri.

Introduction

Lorsque l'on traite d'un sujet aussi grave que la possession démoniaque, la question est de savoir comment l'aborder. Avant d'entrer dans le vif du sujet qui nous intéresse, j'aimerais éclaircir plusieurs points. Car je vois déjà poindre au loin les plus sceptiques d'entre vous. C'est à eux que je m'adresse en particulier.

Entre les théologiens modernes qui nient l'existence de Satan et ses adeptes, où est la vérité ? Pour beaucoup de chrétiens, de théologiens, de scientifiques... le démon n'existe pas. Il ne serait que la personnalisation symbolique de phénomènes psychiatriques ou naturels. Pour d'autres, le démon suscite la fascination, fascination qui est croissante. D'ailleurs, regardez autour de vous : le Diable tient les affiches publicitaires ! Ne peut-on pas lire partout : « beauté du diable » ou encore « un train d'enfer » ! Vous trouvez cela normal ? Vous trouvez normal de banaliser le Malin ? Je trouve cela regrettable et dangereux. Ce livre a pour but de lever le voile sur le diable et de dissiper les doutes.

Les Messes noires et les sectes sataniques se multiplient aux États-Unis, en France, en Allemagne, en Italie... J'ai même vu, dans une émission de télévision, plusieurs personnes évoquer leur pacte avec Satan et juger cette transaction avantageuse. Sauf que le Diable n'a pas d'amis, il n'a que des esclaves.

Je pense qu'un peu de discernement s'impose. Notre monde basé sur la consommation, l'argent et le pouvoir admet que toutes les expériences sont bonnes et qu'on peut s'y adonner sans risque. Ainsi, l'on croit qu'il n'est pas dangereux de faire l'expérience de la magie, de l'occultisme, de la sorcellerie... Et l'on se trompe, car certains deviennent prisonniers du démon, voire possédés après une séance de spiritisme sans même s'en rendre compte. Ils diront simplement traverser une période de malchance. Ils croiront en une fatalité funèbre, perdront leur emploi, s'isoleront, commenceront à boire ou à se droguer, deviendront violents, leurs proches les fuiront... et ils continueront à nier l'existence du démon, alors que c'est lui qui est derrière tous ces maux. Ils ne connaîtront plus le bonheur d'un sourire d'enfant, d'une sortie en famille, d'un repas entre amis... C'est ce que les psychiatres appellent la dépression.

Je ne veux pas dire que les maladies psychiatriques n'existent pas. Bien sûr que les dysfonctionnements du cerveau existent. Mais bien trop de personnes sont diagnostiquées schizophrènes ou dépressives ou souffrantes d'une personnalité multiple alors qu'elles sont possédées et que seul l'exorcisme pourrait les libérer.

Je pense profondément que la vie de chaque homme sur terre reste un combat spirituel, mais que ce combat, aujourd'hui, semble perdu. D'ailleurs, le texte de l'Apocalypse dans la Bible nous enseigne ce combat.

Chaque jour, le démon nous guette. Il nous connaît, sait nos faiblesses et n'hésite pas à nous tenter. Cela est pernicieux et l'on ne s'en rend pas compte.

Satan organise le monde comme le fait un PDG pour son entreprise. Nous sommes son entreprise. Il organise le monde pour l'exploiter en sa faveur : érotisme, pornographie, le marché de la drogue, les mafias, l'expansion de l'athéisme, du matérialisme et d'autres illusions qui règnent en maître dans notre culture.

Regardez les médias. On ne parle que du mauvais, on ne montre que des images atroces. C'est très rare lorsque l'on parle du bien, des bonnes choses qui se passent dans le monde.

Et oui, chers lecteurs, le démon s'est modernisé et utilise notre technologie contre nous. Tout travaille pour lui. Et sa plus grande habileté est de nous faire croire qu'il n'existe pas.

Le prêtre-exorciste Dom Amorth déplorait le fait que l'Église se désintéressait de ce genre de choses, que la hiérarchie pontificale ne voulait pas en entendre parler. Or, sur la pression de l'urgence, car les demandes se multiplient, l'Église est en voie de changement et prend conscience qu'elle doit oeuvrer contre le Malin et non faire de la politique. C'est dans ce sens que je l'accompagne.

Cet homme a pratiqué plus de 10 000 exorcismes et sur ces 10 000 personnes, 70 présentaient un état de possession grave. La plupart avaient simplement besoin d'un accompagnement spirituel. Pourquoi autant d'exorcismes ? Parce que le démon ne se révèle que dans l'exorcisme ! Il faut pratiquer le Rituel pour obliger le démon à se montrer.

Il fut un temps, pas plus tard que dans les années 60/70, où le psychiatre remplaçait l'exorciste. Si vous avez regardé le film « L'Exorciste » de William Friedkin, vous comprendrez de quoi je veux vous parler. Dans une scène, Chris MacNeil, la mère de la jeune possédée, demande au père Karras d'exorciser sa fille. Ce dernier lui répond qu'il lui faudrait une machine à remonter le temps, car de nos jours, avec les progrès de la médecine psychiatrique, les exorcismes ne sont plus pratiqués.

Ce film date des années 70 et la pensée qui s'en dégage est très claire : on ne croit plus en la possession démoniaque, car l'on a découvert la psychiatrie. Je reste convaincue que, devant certains cas troublants ou ne trouvant pas de traitement, le médecin, le psychiatre et le prêtre doivent travailler ensemble. Or, peu de scientifiques le font. Le travail de l'exorciste commence lorsque la médecine et la psychiatrie ne trouvent pas de solutions.

Avec ce livre, je veux briser la conspiration du silence qui entoure le Malin. Ces dernières décennies, le thème de l'exorcisme a été oublié. Et c'est sans doute à cause de cet oubli et du manque de connaissances, qu'aujourd'hui le démon est devenu plus fort.

Selon l'Écriture Sainte, Satan est « le Prince de ce monde ». Jésus-Christ est le Créateur. Le démon est un marginal dangereux, car la loi même de la Création est une loi d'amour, donc de liberté.

Et à la question « pourquoi Dieu laisse faire ? » Parce que Dieu a créé Satan ange et qu'il ne renie jamais ses créatures. De plus, toutes les créatures créées sont libres. Mais rien ne se fait sans l'accord de Dieu, c'est-à-dire que Satan est libre d'agir, car Dieu le permet, mais ne peut agir si Dieu ne le veut pas.

Dieu ne détruit pas l'Adversaire de l'extérieur, par son souffle. C'est la justice immanente qui intervient ici. Ce qui veut dire que Satan se détruit lui-même en s'élevant contre son Créateur. Pour imager ce que je viens d'écrire, et pour éclaircir mes propos, voici un exemple de justice immanente. Prenez Hitler. On sait que cet homme avait fait un pacte avec le démon et qu'il est devenu démon lui-même. Hitler s'est détruit par son erreur même, et ceux qui font un pacte avec Satan finissent toujours par le suicide ou l'isolement, parce qu'un tel pacte n'a d'autre issue que le malheur et la catastrophe. J'en veux pour autre preuve de justice immanente de nombreuses stars du rock qui sont mortes jeunes... (voir la légende du Club des 27).

Dieu sauve le monde par l'amour seul, dans la liberté. Et le Christ nous a légué le pouvoir de repousser le démon. Encore faut-il croire au Christ... Car ce n'est qu'en l'invoquant que l'on arrive à faire fuir le démon.

Ce pouvoir a été légué aux apôtres puis à tous ceux qui croient en lui. Jésus-Christ était le premier exorciste. Les Évangiles nous parlent souvent du pouvoir extraordinaire de Jésus de chasser les démons.

Si Dieu permet que certains connaissent des vexations diaboliques ou soient possédés, Il leur offre plusieurs moyens très puissants d'en échapper. Et pourquoi permet-Il cela ? Il faut voir notre vie terrestre comme l'unique épreuve que l'on doit gagner pour rejoindre la vie éternelle. Cela ne veut pas dire que nous devons souffrir sur terre pour gagner le paradis. Cela veut dire que l'on doit se montrer justes, pieux, humbles et surtout solidaires.

Beaucoup de personnes ne nient pas l'existence des démons, mais minimisent son influence sur les humains. Encore une grave erreur. Il faut apprendre à détecter une « démonopathie ».

Encore une chose que j'aimerais préciser : les exorcistes et ceux qui œuvrent contre le Malin sont mal vus. Et l'on parle peu de ce phénomène qu'on a tendance à banaliser grâce au cinéma. En effet, des films comme Conjuring, L'Exorciste, le Rite… banalisent ce phénomène. Les gens ont peur lorsqu'ils regardent le film, mais continuent à nier l'existence du diable.

Il n'existe que très peu d'ouvrages présentant une étude exhaustive des exorcismes. C'est ce que je vais m'efforcer de faire.

Je dédie ce livre au Père Amorth qui a rejoint son Créateur le 16 septembre 2016, à l'âge de 91 ans. Un grand exorciste, qui toute sa vie a combattu le démon avec acharnement, un homme juste qui a plusieurs fois alerté l'Église, un homme admirable qui nous a laissé de nombreux ouvrages. C'est d'ailleurs grâce à ses ouvrages que j'ai trouvé de nombreuses réponses à mes questionnements sur le monde démoniaque.

I) La naissance du Malin

Le mot démon suscite l'effroi ou la fascination, tout dépend de quel côté l'on se place. Le mot démon fait peur et intrigue en même temps.

Lorsque l'on parle de démons, on parle forcément du Diable. Les deux mots sont entourés d'un halo sombre. Et lorsque l'on représente un démon ou un diable (c'est pareil), les images sont souvent épouvantables et grotesques. Il n'y a qu'à voir les portraits que dresse Dante dans ses écrits ou les réalisations de Bruegel l'Ancien (peintre français né en 1525 et mort en 1569), pour s'en rendre compte.

Les diables et les démons sont toujours représentés avec des cornes, des pieds fourchus, sous forme d'animaux (le plus souvent un bouc). La panoplie du monde démoniaque contient des pentagrammes inversés, des croix inversées, le chiffre 666, des flammes...

De tout temps, les démons ont toujours été associés à la désolation, à la folie, à la torture, à la luxure, au mensonge, à l'angoisse, à la mort... à tout ce qui est mal et malsain.

On peut aussi remarquer que les diables et les démons évoquent, dans l'esprit du plus grand nombre d'entre nous, la folie, l'angoisse, la souffrance et la mort. Monstres, dragons, hybrides semi-humains, géants, nains... ils reflètent nos peurs et nos angoisses.

Selon les théologiens, nous vivons dans un monde, notre monde terrestre, rempli d'esprits. Certains sont bons, d'autres sont mauvais. Les mauvais sont les démons. On les appelle aussi les entités négatives, car elles véhiculent des ondes négatives et pompent l'énergie positive qui est sur terre. N'avez-vous jamais eu l'impression d'être vidé de votre énergie lorsque vous êtes en présence d'une personne mauvaise ?

D'après différentes croyances, et elles se rejoignent toutes sur ce sujet, les démons surgissent du bas astral et n'ont qu'un seul but, celui de torturer et humilier les hommes. Comme je l'ai souvent dit, il y a le mal humain et le mal absolu. Ce dernier est lié aux démons, car l'on ne sait pas trop pourquoi ils frappent.

La plupart des démonologues pensent que les démons sont partout. Chaque homme en a 1 000 à sa gauche et 2 000 à sa droite. Parfois, ils se glissent même dans la nourriture. D'où la croyance qu'il faut toujours se signer ou remercier Dieu avant de manger pour ne pas avaler un démon et se retrouver possédé.

Voilà ce que nous dit Saint-Antoine, le père des moines, à propos des démons : « Nombreuse est leur troupe dans l'air qui nous entoure, ils ne sont pas loin de nous. »

Dans le Nouveau Testament, à l'Épitre aux Éphésiens, Saint-Paul nous dit : « nous n'avons pas à lutter contre la chair et le sang, mais contre les Princes, contre les Puissances, contre les Dominateurs de ce monde des ténèbres, contre les Esprits mauvais répandus dans l'air. » (Eph : 6, 12)

Les démons existaient avant même la création de l'homme. À l'origine des anges, ils auraient été déchus et précipités en enfer après la rébellion de Lucifer. Certains pensent que Lucifer est à la tête de tous les anges déchus et que Satan est son bras droit. Je pense que Satan et Lucifer sont une même entité, Satan, qui signifie l'adversaire, étant le nom donné à Lucifer après sa rébellion.

Depuis, les anges rebelles n'auraient de cesse de faire souffrir les hommes pour faire souffrir le Créateur. C'est une lutte continuelle entre le bien et le mal. Et regardez notre monde, c'est exactement ce qu'il se passe. Sauf, que l'on parle beaucoup plus du mal et qu'on ne voit plus ceux qui font le bien, justement parce que nous croyons plus en rien.

1.1) L'origine des démons

Pour Jules Garinet (1797-1877), avocat à la cour royale de Paris, Conseiller de préfecture, historien et auteur de "Histoire de la magie en France" en 1830, les démons seraient tous fils d'Adam créés avec Lilith. Je ne suis pas d'accord avec cette théorie, car les démons ont été créés avant l'homme. Surtout, ils ont été créés anges.

Aben-Esra (rabbin andalou du XIIe siècle, auteur de "Sefer HaYashar", un ouvrage regroupant ses commentaires sur le Pentateuque) prétend que les démons auraient été créés anges bien avant l'homme par Dieu et précipités du Ciel par Saint-Michel. Donc, les démons auraient été créés bons par Dieu et seraient devenus mauvais. Il ajoute qu'on doit fixer cette chute au deuxième jour de la Création. Cette théorie corrobore celle de la centralité du Christ que l'on va voir plus loin. Les démons ont été précités aux enfers bien avant la création de l'homme. Satan s'est rebellé non parce que Dieu aimait l'homme et qu'il en a été jaloux, mais parce qu'il voulait être au centre de la création. Or, c'est le Christ qui est au centre de la création.

Ménassé Ben-Israël (1604-1657), rabbin-kabbaliste, écrivain, imprimeur et éditeur, fondateur de la première maison de presse hébraïque en 1626, partage cette opinion. Il ajoute qu'après leur chute, Dieu plaça les démons dans les nuages et leur donna le pouvoir d'habiter l'air inférieur.

Origène (185-253, philosophe, théologien, Père de l'exégèse biblique) soutient que les démons, tout comme les anges, sont beaucoup plus vieux que notre monde.

Manès (216-273 ou 276, théologien, écrivain, fondateur du manichéisme) présente le diable comme un être éternel incarnant le principe du mal, tandis que Dieu représente le principe du bien.

Édouard Brasey (auteur du "Traité de démonologie") pense que Dieu aurait créé les 9 chœurs des anges. Ces anges étaient les milices célestes. Ils étaient purs et fidèles. Mais Dieu les créa libres et certains d'entre eux se laissèrent guider par l'orgueil. C'est donc à cause de ce libre arbitre que certains anges ont choisi de servir le mal plutôt que le bien. Dans des manuscrits datant du IVe siècle et écrits par les Pères de l'Église, cette théorie est reprise.

Saint Athanase dans son livre "Antoine le Grand, père des moines", affirme que les démons n'ont pas été créés démons, puisque Dieu ne peut pas faire de choses mauvaises. C'est donc en s'éloignant de la lumière de Dieu que ces anges sont devenus démons, en s'estimant plus puissants que Dieu, ils ont provoqué leur chute. À la tête de la révolte, il y avait Satan, le premier et le plus bel ange créé par Dieu.

La théorie à laquelle j'adhère le plus est celle où les démons auraient été créés par Dieu avant les hommes. Ils auraient été créés anges. Lucifer était le premier et le plus beau de ces anges, mais pas la première créature, puisque c'est le Christ la première créature créée par Dieu. Le frère de Satan serait l'archange Michel, le deuxième ange créé. Lucifer se serait rebellé par orgueil, car voulait être au centre de la Création divine. Il serait devenu l'Adversaire, donc Satan, et aurait été précipité du ciel entraînant avec lui toute sa milice.

Tous ces démons, Satan, Belzébuth, Bélial, Méphistophélès... seraient éternels et incarneraient le principe du mal, tandis que Dieu représente le principe du bien. Avant d'être des démons, ils étaient des anges.

Et là, on peut répondre à la question : pourquoi Dieu laisse les démons nous faire du mal ?

Tout simplement parce que Dieu ne renie aucune de ses créatures. Il les a créées libres, donc c'est avec ce principe de liberté, qu'Il les laisse agir.

1.2) Une autre théorie, la centralité du Christ

Cette théorie est celle du Père Gabriele Amorth.

D'après lui, le Diable est une créature de Dieu, au même titre que les anges. Et pour comprendre pourquoi les démons existent, et ont été créés, il faut énoncer, au moins d'une manière schématique, quelques notions fondamentales concernant le dessein de Dieu.

Tout d'abord, sachez que Dieu a créé le Diable non pas démon, mais archange.

Ensuite, il faut penser à la Création non comme une succession d'évènements : un jour, Dieu a créé les anges puis leur a soumis une épreuve. On ne sait pas très bien laquelle. Ce que l'on sait c'est qu'elle s'est soldée par la division des anges et des démons, les premiers au Paradis, les autres rejetés en enfer. Puis, l'on croit que Dieu a créé l'univers, la terre, les animaux… et l'homme. Il a mis Adam et Ève dans le jardin d'Eden où ils ont péché en désobéissant à Dieu et donc en obéissant à Satan. Et c'est à ce moment que Dieu pensa envoyer son Fils pour sauver l'humanité qui avait goûté au fruit de la connaissance, au fruit défendu. Et donc, Satan est le prince du monde terrestre.

Or, ce n'est pas ce que la Bible nous enseigne, car dans cette conception du monde, le monde angélique et la Création demeurent étrangers au mystère du Christ. Si on lit le prologue à l'Évangile de Jean et les deux hymnes christologiques qui ouvrent les Lettres aux Éphésiens et aux Colossiens, on comprend que le Christ est la première créature créée. C'est lui qui est au centre de la Création, celui qui réunit le monde céleste et le monde terrestre.

Après la faute d'Adam et Ève, Jésus est venu en tant que Sauveur et par le sang de sa croix, il réconcilie Dieu avec toutes choses, dans les cieux et sur terre.

Le Christ a donc une influence sur les anges et sur les démons. Saint Anastase nous dit que les anges doivent leur salut au sang du Christ. Et quant à son influence sur les démons, regardons de plus près les nombreuses affirmations des Évangiles :

Le Christ sur sa croix a vaincu le règne de Satan et a instauré le royaume de Dieu. C'est en son nom que l'on peut chasser les démons.

Les Évangiles nous montrent aussi l'évidence de la puissance de Satan. D'ailleurs, Jésus l'appelle « Prince de ce monde », car oui, il dominait et l'on ne pouvait le combattre. Saint-Paul le qualifie de « dieu de ce siècle ». Saint-Jean affirme que, je cite : « le monde entier gît au pouvoir du Mauvais ».

Toujours dans cette théorie de centralité du Christ, on dit que Satan était l'ange le plus resplendissant, mais qu'il n'était pas la première créature, puisque la première créature était le Christ. Satan est devenu le pire des démons et leur chef après sa rébellion. Sachez que, tout comme les anges, les démons sont liés par une hiérarchie bien établie. Je reviendrai sur ce point plus en détail plus tard.

Dieu a créé l'homme sur terre, l'a doté d'une intelligence, d'une liberté et d'un libre arbitre. Il nous a donné les armes pour combattre le mal et le combattre est notre unique épreuve. C'est pour cela que nous sommes sur terre. Parfois, il permet au démon de nous déstabiliser, pour mieux nous faire comprendre la foi.

On ne peut comprendre les desseins de Dieu et le but de la création de l'homme sans saisir la centralité du Christ. Toute la Création est faite pour le Christ et autour de lui. Ce que n'a pas accepté Satan, qui voulait que la Création tourne autour de lui. D'où sa rébellion, d'où sa haine vouée à l'homme, d'où sa volonté de nous détruire avant le jugement dernier. Il mène un combat qu'il sait perdu d'avance.

La Bible nous dit bien que :

- Dieu veut que tout le monde soit sauvé.

- Jésus est mort sur la croix pour tous.

- Personne n'est prédestiné à l'enfer.

- Tous reçoivent les grâces nécessaires au salut.

Par conséquent, tout le monde peut être sauvé de Satan, encore faut-il le vouloir et le demander. Et ce n'est qu'au nom du Christ que nous pouvons vaincre Satan et nous en libérer.

Dieu nous met à l'épreuve, mais nous donne les armes nécessaires pour la réussir. Encore faut-il le vouloir. Faut-il vouloir résister aux tentations de Satan. Dieu ne nous oblige pas à croire en lui et à suivre ses lois. Nous sommes libres, à nous de faire le bien ou le mal.

J'aimerais aussi, pour clore ce chapitre sur la centralité du Christ dans la Création, vous parler rapidement de la Vierge-Marie. Si Jésus-Christ est la créature première, celle en qui il s'est incarné, sa mère, a reçu la pensée divine. Donc, Marie fait partie de la Création, puisque sans elle, rien n'aurait été possible. D'où son rapport unique avec la Sainte Trinité. C'est pour cela qu'on l'appelle souvent le « Quatrième élément de la Tétrade divine ».

Les démons tremblent lorsqu'on évoque le nom de la Vierge-Marie. C'est pour cela qu'elle a une place particulière dans le Rituel.

1.3) Où se trouvent les démons ?

Comme je l'ai dit plus haut, la plupart des démonologues pensent que les démons sont partout. Chaque homme en a 1 000 à sa gauche et 2 000 à sa droite. Donc, lorsque les démons ne sont pas en enfer, ils sont sur terre. Ils sont tout autour de nous, à l'affut, nous observent, nous connaissent, nous tentent.

Les théologiens et quelques démonologues les font habiter l'enfer, d'autres leur donnent pour demeure les déserts.

Certains démonologues placent l'enfer, où habitent les démons, au fond de la terre, d'autres les font habiter l'air. Swinden les loge même sur la Lune.

Je pense que les démons se trouvent dans des lieux inférieurs, d'où ils peuvent sortir à leur guise pour venir sur terre et tenter les hommes. Une autre dimension en quelque sorte, imperceptible pour l'homme, mais perceptible par certains médiums.

Les démons sont en enfer, mais aussi dans le cœur des hommes auxquels ils insufflent épreuves et tentations. Car l'homme est faible et corruptible et les démons haïssent l'homme, l'être tant aimé par Dieu. Leur but étant de grandir leurs légions pour le combat final, ils recrutent des âmes sur terre.

Les démons se terrent de préférence dans des lieux isolés et impurs, le désert, les ruines… Ils sont surtout à redouter la nuit. Ils s'attaquent aux bêtes comme aux hommes. Ils sont la cause des maladies physiques et des troubles psychiques. Ils font naître les passions désordonnées, provoquent la colère et attisent la jalousie.

Et la tentation est grande pour l'homme d'utiliser la puissance des démons pour obtenir des richesses, du pouvoir... Toutes les pratiques magiques sont dangereuses, funestes et vaines. Celui qui prétend faire appel à des puissances supérieures démoniaques prend un grand risque, car il n'est pas au pouvoir de l'homme de commander aux démons. Et il y a toujours un retour. Et toujours un prix à payer pour la prestation de services. Et lorsqu'on le fait, souvent après on a recours à un exorcisme.

La tradition chrétienne place l'enfer, l'habitation des démons, au fond de la terre, alors que Saint Paul les fait habiter l'air. Certains les relèguent dans la lune, d'autres dans les étoiles.

Nous vivons dans un monde rempli d'esprits et de démons, que nous ne pouvons voir, sauf si nous possédons le don de les voir. Ces créatures venues du bas astral s'amusent à nous torturer et nous humilier.

Ces démons se glissent partout et nous tentent continuellement. Ils veulent que l'on s'éloigne de Dieu. Ils nous montrent que l'argent et le pouvoir, c'est ce que l'on doit idolâtrer. Et c'est pourquoi notre monde va aussi mal. Nous vivons dans un monde où l'argent et le pouvoir sont idolâtrés. Certains n'hésitent pas à tuer pour de l'argent, d'autres veulent s'enrichir à tout prix, quitte à tuer et à voler, d'autres encore vendent du poison, de la drogue pour s'enrichir. Tous ces gens sont des antichrists, c'est-à-dire des destructeurs de l'humanité.

II) La hiérarchie Infernale

Je vous parlais, dans les chapitres précédents, d'une hiérarchie qui organiserait le monde infernal. Satan dirige cette organisation comme un véritable PDG. Chaque démon a sa fonction, son rôle, son rang. Il est important de connaître le rang, la nature et la puissance du démon lorsque l'on pratique un exorcisme. Cela peut nous donner de précieuses indications. Par exemple, un démon de "bas-étage" ne peut prononcer les noms de Jésus-Christ ou de la Vierge-Marie. Il les remplacera par Il, ton Maître, ta patronne... À la différence des démons puissants qui prononcent ces noms. De même, il n'est pas rare que les puissants soient accompagnés d'autres démons moins puissants, des larbins. Et là, on est face à une possession multiple.

Le Rituel de l'exorcisme veut que l'on demande le nom du démon qui possède une personne. S'il le dit, c'est qu'il est presque vaincu. Cela peut aussi donner de précieuses indications. Par exemple, un démon puissant peut feindre sa défaite, peut faire croire qu'il est parti alors qu'il n'en est rien.

Avant d'être déchus, les démons étaient des anges. Et après que Saint-Michel les a chassés des Cieux, les démons ont conservé leur titre d'avant, de quand ils étaient des anges. C'est ainsi qu'il existe des Ordres qu'ils ont conservés même en enfer. Il existe donc, en enfer, des rois, des princes, des ducs, des présidents, des marquis... ainsi que des démons qui ont une fonction spéciale, comme le démon de l'incendie, de l'orgueil, de la vanité...

Concernant cette hiérarchie infernale, plusieurs théories s'opposent et se complètent. Je vous propose de vous donner certaines de ces théories, les plus connues avant de vous parler de la mienne résultant de nombreuses recherches sur le sujet. Sachez qu'il existe autant de classifications que de démonologues. Concentrons-nous sur les plus célèbres.

2.1) La noblesse infernale d'après Collin de Plancy

Collin de Plancy, de son vrai nom Jacques Albin ou Auguste Simon Collin de Plancy est né à Plancy (ville appelée aujourd'hui Plancy-l'Abbaye), le 30 janvier 1742 et mort à Paris le 13 janvier 1881, était un écrivain français, auteur de nombreux ouvrages sur l'occulte, dont le fameux "Dictionnaire infernal" paru en 1818. Je me sers beaucoup de l'ouvrage de Collin de Plancy pour étayer mes recherches.

Collin de Plancy place Belzébuth à la tête de l'empire infernal et lui donne le titre d'empereur.

Les rois sont au nombre de 7 : Baël, Pursan, Byleth, Paymon, Bélial, Asmodée et Zapan. Ce sont des démons très puissants.

Les ducs sont au nombre de 23 : Agarès, Busas, Gusoyn, Eligor, Valefar, Sytry, Bune, Berith, Astaroth, Vepar, Chax, Pricel, Murmur, Focalor, Gomory, Amduscias, Aym, Orobas, Vapula, Hauros, Alocer. Tous commandent des légions.

Les marquis sont au nombre de 13 : Aamon, Loray, Naberus, Forneus, Ronève, Machochias, Sabnac, Gamigyn, Arias, Andras, Androalphus, Cimeris, Phoenix.

Les contes sont au nombre de 10 : Barbatos, Botis, Morax, Ipès, Furfur, Raym, Halphas, Vine, Decarabia, Zalcols.

Les Présidents sont au nombre de 11 : Marbas, Buer, Glasialobolas, Forcas, Malphas, Gaap, Caym, Volac, Oze, Amy, Haagenti.

Collin de Plancy nous dit qu'il y a un grand nombre de chevaliers, grand nombre signifiant que je ne vais pas les lister au risque que cet ouvrage comporte plus de 1 000 pages !

L'armée infernale comporte 6666 légions et chacune des légions est composée de 6666 démons. Faites le calcul, on tombe sur un nombre impressionnant de démons.

2.2) La cour démoniaque selon Jean Wier

Jean Wier (ou Johann Weyer, Johannes Weier, en latin Joannes Wierus ou le pseudonyme Piscinarius) est né en 1515 ou 1516 à Grave dans le Duché de Brabant et mort en 1588 à Tecklenburg. Il était un médecin et un fervent opposant à la chasse aux sorcières. Lui aussi s'est intéressé au monde démoniaque.

Jean Wier ou Wierus nous dresse une classification de la cour infernale digne d'un gouvernement politique humain. On pourrait même imaginer que le Diable soit devenu républicain avec un ministère infernal calqué sur celui que nous connaissons en France. Ben l'enfer n'est pas dans la merde !!!!

Pour lui, l'enfer se compose de princes, de nobles, de canailles... Certains démons possèdent un emploi ou une dignité. Les autres sont de simples soldats obéissant aux ordres de leurs supérieurs.

Tout d'abord, il place Belzébuth comme chef suprême de l'empire infernal. Satan n'est plus le souverain, car détrôné par Belzébuth qui règne à sa place.

•   Les princes et les grands dignitaires

Belzébuth : chef suprême et fondateur de l'Ordre de la Mouche.

Satan : prince détrôné et par conséquent le chef du parti de l'opposition.

Moloch : prince du pays des larmes.

Pluton : prince du feu.

Pan : prince des incubes.

Lilith : princesse des succubes.

Léonard : chevalier de la Mouche, grand maître des sabbats.

Baalberith : grand pontife, maître des alliances.

Proserpine : princesse des esprits malins.

• Les Ministères

Adrameleck : grand chancelier, grand-croix de l'ordre des Mouches.

Astaroth : grand trésorier, chevalier de l'Ordre des Mouches.

Nergal : chef de la police secrète.

Baal : Général en chef des armées infernales.

Léviathan : grand amiral, chevalier de l'Ordre des Mouches.

• Les Ambassadeurs

Belphégor : ambassadeur en France.

Mammon : ambassadeur en Angleterre.

Bélial : ambassadeur en Italie.

Rimmon : ambassadeur en Russie.

Thamuz : ambassadeur en Espagne.

Hutgin : ambassadeur en Turquie.

Martinet : ambassadeur en Suisse.

• La Justice

Lucifer : Grand Justicier, chevalier de la Mouche.

Alastor : exécuteur des hautes œuvres.

• Maison des princes

Verdelet : maître des cérémonies.

Succor Benoth : chef des eunuques.

Chamoos : grand chambellan, chevalier de la Mouche.

• L'Ordre de la Mouche

Melchom : trésorier-payeur.

Nisroch : chef de la cuisine.

Béhémot : grand échanson.

Dagon : grand panetier.

Mullin : premier chevalier de chambre.

• Les menus plaisirs

Kobal : directeur des spectacles.

Asmodée : surintendant des maisons de jeu.

Nybbus : grand paradiste.

Antéchrist : escamoteur et nécromancien.

2.3) La classification selon le Livre d'Abramelin le Mage

Abramelin, dit le Mage ou le Magicien, était un maître égyptien.

Sa magie repose sur le pouvoir des nombres et des noms sacrés. Elle implique une ascèse rigoureuse et une grande spiritualité.

Il fut le maître d'Abraham ben Siméon, un Juif allemand, né en 1362 et mort en 1460 à l'âge de 98 ans. Abraham ben Siméon a rédigé l'ouvrage « Le Livre d'Abramelin le Mage » qui est le récit de son parcours initiatique, de sa rencontre avec son maître et de la magie qu'il lui a confiée, lui permettant d'atteindre à la Connaissance et la Conversation de son ange gardien.

C'est dans ce livre que l'on trouve cette classification :

4 princes : Lucifer, Leviathan, Satan et Bélial, qui se partagent le royaume infernal.

8 sous-princes : Astarot, Oriens, Magot, Paymon, Asmodée, Ariton, Belzébuth et Amayron.

Derrière eux se trouvent les légions qui comportent des démons aux noms burlesques tels que Lagasur, Romages, Kirik... Ces noms sont d'origine perse ou chaldéenne et résultent des anciennes divinités combattues par le christianisme.

2.4) La hiérarchie infernale selon Nahema-Nephthys et Anubis

Ces deux personnages sont des sorciers belges passionnés d'occulte. Ils sont tous deux nés dans notre siècle et sont toujours vivants. Il est intéressant de se pencher sur leurs écrits pour mieux cerner le monde démoniaque.

Pour eux, la hiérarchie infernale est le reflet d'une Cour et d'une armée à l'ancienne, avec une structure qui varia au cours du temps.

À l'origine, la Cour Infernale se composait comme cela :

Empereur : Satan.

Prince : Belzébuth.

Grand-Duc : Astaroth.

Premier Ministre : Lucifuge-Rofocale.

Général en Chef, Ministre des Armées : Satanachia.

Grand Sénéchal, Ministre des Affaires Étrangères : Agaliarept.

Lieutenant Général, Ministre de l'Intérieur : Fleuretty.

Brigadier Chef, Ministre de la Culture : Sargatanas.

Lieutenant, Ministre de la Culture : Méphistophélès.

Maréchal de Camp : Nébiros.

Ces 7 démons supérieurs règnent sur toutes les légions infernales.

Après le coup d'État, la Cour fut remodelée et se composerait comme suit :

Belzébuth : Empereur Suprême, Fondateur de l'Ordre de la Mouche.

Eurynome : Prince de la Mort, Grand Commandeur de l'Ordre de la Mouche.

Moloch : Prince du Pays des Larmes, Commandeur de l'Ordre de la Mouche.

Pluton : Prince du feu, Gouverneur des Pays Enflammés, Archidiable.

Léonard : Grand Maître des Sabbats, Chevalier de la Mouche.

Baaberith : Maître des Alliances

Proserpine : Achidémone, Princesse Souveraine des Esprits Malins.

Belphégor : Ambassadeur de France.

Mammôn : Ambassadeur d'Angleterre.

Belial : Ambassadeur de Turquie.

Rimmon : Ambassadeur de Russie.

Thamuz : Ambassadeur d'Italie.

Martinez : Ambassadeur de Suisse.

Ensuite, la Cour Infernale de l'Empereur Belzébuth se compose de nombreux démons anoblis :

7 rois : Baël, Pursan, Byleth, Paymôn, Bélial, Asmodée et Zapan.

23 ducs : Aguares, Busas, Gusoyn, Bathym, Eligor, Valefar, Zpar, Sytry, Bune, Berith, Astaroth, Vepar, Chax, Pricel, Murmur, Focalor, Gomory, Amduscias, Aym, Orobas, Vapula, Hauros et Alocer.

13 marquis : Aamon, Loray, Naberus, Forneus, Roneve, Marchiosas, Sabnac, Gamigyn, Arias, Andras, Androalphus, Cimeriès, Phœnix.

10 comtes : Barbatos, Botis, Morax, Ipès, Furfur, Raym, Halphas, Vine, Decarabia et Zaébos.

11 Présidents : Marbas, Buer, Caacrinolaas, Forcas, Malphas, Gaap, Caym, Volac, Oze, Amy, Haagenti.

18 Secrétaires d'États : Baal, Mammôn, Belial, Agarès, Buer, Prusias, Baphomer, Abigor, Caacrinolass, Cornedur, Bathim, Boris, Valefar, Nusmiane, Moloch, Forau, Asmodée et Marbas.

Il est intéressant de constater que d'anciennes dignités sont restées en place, tandis que des démons ont été promus et que de nouvelles fonctions font leur apparition.

Une autre remarque me vient à l'esprit : d'après cette classification et Jean Wier, après le coup d'État qui renversa la Cour de Satan au profit de la nouvelle Cour de Belzébuth, Satan serait entré en opposition et serait devenu l'adversaire de Belzébuth. Et contre toute attente, cela arrange bien les satanistes qui sont persuadés d'avoir le pouvoir d'exorciser et celui de désenvoûter une personne au nom de Satan. Tout s'explique ! N'était-ce pas encore une énième ruse du démon pour attirer dans son antre quelques âmes fragiles ?

2.5) Mes recherches

La démonologie n'est pas une science exacte et donc, il se peut que la classification que je vais vous livrer comporte des inexactitudes. Néanmoins, elle résulte de nombreuses recherches. On y trouve de nombreuses similitudes avec les autres classifications présentées précédemment.

Pour moi, le chef suprême de l'empire infernal, celui qui règne sur les Enfers, c'est Satan, qui est aussi Lucifer, car les deux personnages sont une seule et unique entité, Satan étant le nom démoniaque de Lucifer et Lucifer le nom angélique de Satan et non Belzébuth comme le pensent Jean Wier et Nahema-Nephthys.

2.5.1) Les Ordres

Avant d'être déchus, les démons appartenaient à des Ordres. Ils ont gardé cet Ordre. Il y a en tout 10 ordres :

L'ordre des Séraphins, des Chérubins, des Trônes, des Dominations, des Puissances, des Vertus, des Principautés, des Archanges, des Anges, des Âmes des Bienheureux.

Souvent, ce sont les démons appartenant à l'ordre des Âmes des Bienheureux qui possèdent l'homme.

2.5.2) Les rois de l'enfer

La plupart des rois listés ci-dessous viennent de différentes croyances, notamment celles de Wierus qui, dans sa hiérarchie, comptabilisait au moins 7 rois. Je les liste, mais je ne suis pas d'accord avec lui, car pour moi, il ne peut y avoir qu'un seul et unique roi de l'empire infernal et ce roi est Satan.

Amoymon ou Amaimon : rois de l'enfer.

Baël : roi de l'enfer. Il a ses états dans la partie orientale des enfers. Il commande 70 légions. Est parfois confondu avec Baal.

Balan : grand roi terrible des enfers. Est de l'Ordre des Dominations et commande 40 légions.

Byleth : roi de l'empire infernal de l'ordre des puissances. Commande 80 légions.

Cali ou Kali : reine des démons et sultane de l'enfer indien.

Erlil-Khan : roi ou parfois prince des enfers.

Goap : rois des démons du Midi.

Gorson : roi de la partie occidentale des enfers.

Magoa : roi de la partie orientale des enfers.

Paymon ou Paimon : l'un des rois de l'enfer. Commande 200 légions de l'ordre des Anges et de l'ordre des Puissances.

Zapan : l'un des rois de l'enfer.

2.5.3) Les princes des Enfers

Les 7 princes des Enfers sont Mammon, Azazel, Belzébuth, Asmodée, Belphégor, Dispater et Méphistophélès. D'autres démonologues ou croyances pensent qu'il y a 9 princes. Les origines de certains démons restent floues, certains démons ont plusieurs noms, d'autres sont élevés à des rangs supérieurs, d'autres n'apparaissent plus. Pour ma part, je me suis contentée de recueillir les données les plus crédibles et celles qui me paraissaient les plus justes et vraisemblables.

À savoir : les princes, dans l'empire infernal, sont très puissants. D'ailleurs, certains rois nommés ci-dessus ne sont pas reconnus par certains démonologues comme tels.

—   Mammon : Prince de l'enfer et démon de l'avarice. Ce démon n'obéit qu'à Satan.

—   Azazel : Prince de l'empire infernal, gardien des boucs, premier porte-enseigne des armées infernales.

—   Belzébuth : Prince de l'enfer, fondateur de l'Ordre des Mouches. C'est le premier en pouvoir et en crimes après Satan. Il veut sa place et n'a de cesse de lui faire savoir. Démon du péché de la gourmandise.

—   Asmodée : Prince de l'empire infernal, démon de la luxure, surintendant des maisons de jeu. Il commande 72 légions. Lieutenant d'Amoymon.

—   Belphégor : Prince de l'enfer, démon de la paresse, des découvertes et des inventions.

—   Bélial : Prince de l'enfer, démon de la colère. Commande 80 légions.

—   Méphistophélès : Prince des enfers, est le bras droit de Satan.

2.5.4) Les démons des péchés capitaux.

On connaît tous les 7 péchés capitaux : colère, luxure, gourmandise, envie, paresse, avarice et orgueil. Chaque péché possède son démon qui nous pousse à l'extrême.

- L'orgueil : estime excessive de soi-même. Le démon de l'orgueil ne peut être que Satan, celui qui se révolta contre Dieu, car voulait être au centre de la Création.

- L'avarice : accumulation de richesses pour se satisfaire et pour son propre plaisir. L'avare n'a de cesse d'accumuler de la richesse et est obsédé par l'idée de se séparer de ses biens. Son démon est Mammon, celui qui fait commettre des crimes pour l'amour de l'argent.

- L'envie : certainement la plus grande cause de malheur moral. L'envie est la convoitise mêlée de dépit, de haine ou de tristesse à la vue du bonheur des autres ou de ce qu'ils possèdent. Son démon est Léviathan.

- La gourmandise : le fait de ne résister à aucun plaisir du ventre et de s'empiffrer en excès. Son démon est Belzébuth.

- La colère : état affectif violent se traduisant par un vif mécontentement et s'accompagnant de réactions brutales. Son démon est Bélial.

- La luxure : plaisir sexuel recherché avant tout pour son propre plaisir. La sexualité est incontrôlée, parfois débridée, voire totalement abjecte. Son démon est Asmodée.

- La paresse : fait référence à l'acédie. Dans notre monde moderne, la paresse est une répugnance profonde du travail et de l'effort. Son démon est Belphégor.

Il existe un 8e péché capital qui est la Vaine Gloire. Ce péché a été confondu avec l'orgueil. La vaine gloire est un désir obsessionnel d'obtenir de la considération à tout prix. De nos jours, c'est certainement le plus répandu des péchés capitaux, car encouragé par les fausses gloires médiatisées, la course aux prix, la course aux promotions et surtout par les réseaux sociaux où chacun veut briller et faire le buzz. La vaine gloire n'a pas de démon dédié, puisque tous les démons s'en servent pour hameçonner des millions de victimes.

2.5.5) Les ducs

Au nombre de 17.

Abigor : grand-duc de l'empire infernal. Commande 60 légions.

Aguarès ou Agarès : grand-duc de la partie orientale des enfers. Commande 31 légions. Est de l'ordre des vertus.

Alocer : grand-duc aux enfers. Il commande 36 légions.

Amduscias : grand-duc aux enfers. Il commande 29 légions.

Astaroth : grand-duc aux enfers.

Baal : Grand-Duc et général en chef des armées infernales.

Barbatos : Comte-duc aux enfers, de l'ordre des vertus autrefois et de l'ordre des dominations maintenant. Il commande 30 légions.

Berith : duc aux enfers. Il commande 26 légions.

Bune ou Bunis : grand-duc aux enfers. Il commande 30 légions.

Gomory : puissant duc des enfers. Commande 26 légions.

Gusoyn : grand-duc aux enfers. Commande 45 légions.

Martym ou Batym : duc aux enfers, commande 30 légions.

Murmur : grand-duc et comte de l'empire infernal. Est de l'ordre des Anges et de celui des Trônes.

Pucel : grand-duc de l'empire infernal. Commande 48 légions.

Proserpine : archiduchesse et souveraine princesse des esprits malins.

Scox ou Chax : duc et grand marquis de l'empire infernal. Commande 30 légions.

Vapula : grand-duc de l'enfer. Commande 36 légions.

Wall : grand-duc de l'empire infernal. Commande 36 légions.

2.5.6) Les comtes

Au nombre de 7.

Carabia ou Decarabia : comte d'une grande province de l'enfer. Il commande 30 légions.

Furfur : comte aux enfers. Commande 26 légions.

Halphas : grand comte aux enfers. Commande 26 légions.

Ipès ou Ayperos : comte de l'enfer. Commande 36 légions.

Morax ou Forai : capitaine, comte et président de plusieurs bandes infernales. Commande 36 légions. (Est aussi le prince des esprits familiers.)

Ronwe : marquis et comte de l'enfer. Commande 19 légions.

Zaebos : grand comte des enfers.

2.5.7) Les marquis

Abrasax ou Abracax ou Abraxas ou Carabia oui Decarabia : marquis de l'empire infernal, commande 30 légions.

Andras : grand marquis de l'empire infernal. Commande 30 légions.

Cerbère : marquis des enfers selon Wierus. Il commande 19 légions.

Ciemriès : marquis de l'empire infernal. Il commande aux parties africaines et 26 légions sont sous ses ordres.

Fornéus : marquis, commande 29 légions de l'ordre des Trônes et d'Anges.

Gamagyn : grand marquis aux enfers. Commande 30 légions.

Marchocias : grand marquis des enfers. Est de l'Ordre des Dominations et commande 30 légions.

Nabérus ou Nébiros : marquis de l'empire infernal et l'un des chefs des nécromanciens. Commande 19 légions. Est aussi maréchal de camp et inspecteur général des armées. Commande 19 légions.

Oray ou Loray : grand marquis des enfers. Commande 30 légions.

Orias : grand marquis de l'empire infernal. Commande 30 légions. Est aussi le démon des astrologues.

Phénix : grand marquis des enfers. Il commande 20 légions.

Sabnac ou Salmac : grand marquis infernal. Commande 50 légions. Est aussi le démon des fortifications.

2.5.8) Les chanceliers

Un seul chancelier.

Adramelech : grand chancelier (est aussi intendant de la garde-robe du souverain et président du Haut Conseil).

2.5.9) Les présidents

Au nombre de 15.

Adramlelech : Président du Haut Conseil des diables.

Amy : grand-président de l'empire infernal.

Buer : président aux enfers. Commande 50 légions.

Caacrinolaas : grand président aux enfers. Commande 36 légions.

Caym : grand président aux enfers, de l'ordre des Anges. Commande 30 légions.

Forcas, Forras ou Furcas : grand président et chevalier des enfers. Commande 29 légions.

Haagenti : grand président, commande 33 légions.

Haborym : démon qui porte le titre de Duc aux enfers, mais qui est le démon des incendies.

Malphas : grand président des enfers, commande 40 légions.

Marbas ou Barbas : grand président des enfers, commande 36 légions.

Otis ou Botis : grand président des enfers. Commande 60 légions.

Oze : grand président des enfers. Est aussi le démon de l'égocentrisme.

Tap ou Gaap : grand président aux enfers. Commande à 4 principaux rois de l'empire infernal. Commande 60 légions.

Volac : grand président aux enfers. Commande 30 légions.

Zagam : président de l'enfer. Commande 30 légions.

2.5.10) Les généraux

Au nombre de 3.

Flauros : grand général des enfers. Il commande 20 légions.

Focalor : grand général aux enfers. Commande 30 légions.

Stolas : grand général de l'empire infernal. Commande 26 légions.

2.5.11) Les amiraux

Il n'y a qu'un amiral dans l'empire infernal.

Léviathan : grand amiral de l'enfer et démon du péché de l'envie.

2.5.12) Les chefs

Au nombre de 4.

Abaddon : chef des démons de l'Ordre des Chérubins, qui sont les forces du chaos et de la Perdition. Est appelé aussi Le Destructeur. Démon de la destruction et de la dévastation.

Léonard : chef des démons subalternes (aussi inspecteur général de la sorcellerie, de la magie noire et des sorciers). Appartient à l'Ordre des Principautés.

Maimon : chef de l'Ordre des Anges, les forces du mensonge, capitaine des démons tentateurs, insidiateurs ou dresseurs de pièges.

Nabérus ou Nébiros : chef des nécromanciens (est aussi marquis, maréchal de camp et inspecteur général des armées) et de l'Ordre des

des Principautés, les forces des Sortilèges et des Poisons.

2.5.13) Les fonctions

Abaddon : démon de la destruction et de la dévastation.

Abalam : démon de la folie et de la vanité.

Abigor : démon des complots guerriers, duc de l'empire infernal.

Adonis : démon des incendies.

Adramelech : intendant de la garde-robe du souverain.

Alastor : exécuteur suprême des sentences de Satan.

Alpier : intendant des arbres fruitiers.

Anamelech ou Anamalech : démon porteur des mauvaises nouvelles.

Anazazel : démon chargé de la garde des trésors souterrains avec Ga-ziel et Fécor.

Annaberge ou Anneberg : démon gardien des mines.

Antichrist : escamoteur et nécromancien dans le ministère des Menus Plaisirs de la Cour infernale.

Arimane : démon source du mal.

Arioch : démon de la vengeance.

Asmodée : surintendant des maisons de jeu (est aussi démon de la luxure et prince des enfers).

Assassinat : démon du meurtre.

Astaroth : grand trésorier (est aussi grand-duc)

Azazel : gardien des boucs et premier porte-enseigne des armées in-fernales.

Baalbérith : Seigneur des Alliances, Secrétaire général et conservateur des archives de l'enfer.

Baalzéphon : Capitaine des sentinelles des enfers.

Béhémot : sommelier et grand échanson. Ses domaines sont la gourmandise et les plaisirs du ventre.

Belphégor : démon des découvertes et des inventions. Est aussi démon de la paresse.

Bohinum : démon du mal et de la désolation.

Cabires : démon des morts.

Chamos : démon de la flatterie, membre du conseil infernal.

Dagon : boulanger et grand panetier de la cour infernale.

Drac : puissant démon autrefois du rang des princes.

Drawcansir : démon de la terreur panique.

Eurynome : démon de la mort, grand-croix de l'ordre de La Mouche.

Gaziel : gardien des trésors souterrains, avec Anazazel et Fécor.

Haborym : démon des incendies.

Hécate : démone chargée de la police des chemins et de la voie publique.

Homme-rouge : démon des tempêtes. Il commande aux éléments.

Kelen : démon des débauches, des danses et des orgies au même titre que Nysrock.

Kobal : directeur général des farces de l'enfer, patron des comédiens.

Léonard : inspecteur général de la sorcellerie, de la magie noire et des sorciers (aussi chef des démons subalternes).

Lilith : princesse des démons succubes.

Lucifer (donc Satan) : grand justicier des enfers.

Melchom : démon porteur de la bourse et payeur des employés publics.

Moloch : prince du pays des larmes et membre du conseil infernal.

Mullin : premier valet de chambre de Satan ou de Belzébuth selon certaines croyances.

Murmur : démon de la musique (aussi grand-duc et comte).

Morax ou Forai : prince des esprits familiers (aussi capitaine, comte et président de plusieurs bandes infernales).

Nabérus ou Nébiros : maréchal de camp et inspecteur général des armées (est aussi marquis et l'un des chefs des nécromanciens).

Nergal : chef de la police, sous la surveillance de Lucifer (ou Satan), premier espion de Satan.

Nybbas : intendant des visions et des songes. Grand paradiste de la cour infernale.

Orias : grand marquis et démon des astrologues.

Oze : démon de l'égocentrisme et grand président de l'empire infernal.

Pan : prince des démons incubes.

Pazuzu : roi des démons du vent, démon de la famine, des inondations et des épidémies.

Pluton : archidiable, prince du feu, gouverneur général des pays enflammés, surintendant des travaux forcés.

Pursan ou Curson : père des démons familiers. Commande 22 légions.

Rimmon : premier médecin de l'empire infernal.

Sabasius : chef du sabbat et grand maître des sorciers.

Sabnac ou Salmac : grand marquis et démon des fortifications.

Succor-Bénoth : démon de la jalousie et chef des eunuques.

Sytry ou Bitru : démon de la passion.

Thamuz : démon des flammes et des bûchers.

Ikobach : démon chargé d'entretenir les chaudières infernales.

Uphir : médecin chargé de la santé de Satan et de la cour infernale.

Verdelet : maître des cérémonies de la cour infernale.

Xaphan : son rôle est d'entretenir les braises des fourneaux.

Xezbeth : démon des prodiges imaginaires, des contes et du mensonge.

Xitragupten : Secrétaire de Satan chargé de tenir un registre sur les actions de chaque homme.

2.6) Le nombre des démons

En voilà une question intéressante… à laquelle je ne peux répondre !

On ignore à combien s'élève le nombre des démons.

Jean Wier nous dit que les démons se divisent en 6666 légions, chaque légion est composée de 6666 démons. Donc le nombre total de démons serait de 45 millions. Ces démons seraient supervisés par 72 princes, ducs, marquis et comtes.

Selon Michel Psellos (1018-1078, écrivain, philosophe byzantin, auteur d'un traité sur la démonologie), les démons se divisent en 6 grandes sections :

—   Les démons du feu qui habitent les régions chaudes,

—   Les démons de l'air qui habitent autour de nous et ont le pouvoir d'exciter les orages,

—   Les démons de la terre qui se mêlent aux hommes et s'occupent de les tenter,

—   Les démons des eaux, qui habitent les océans et les mers et qui provoquent les naufrages,

—   Les démons souterrains qui préparent les tremblements de terre et soufflent les volcans,

—   Les démons ténébreux qui vivent loin du soleil. Ceux-là se montrent très peu sur terre.

Cette classification rejoint celle des cabalistes. Cette vision, un peu minimaliste et que je ne partage pas, montre que les démons provoquent toutes les catastrophes naturelles. Et même si cette vision rejoint celle des cabalistes, je ne peux y adhérer. Les conditions climatiques, le réveil d'un volcan, un tremblement de terre... sont des causes naturelles engendrées par la pollution, par l'homme, par les conditions climatiques... mais certainement pas par les démons.

Certains démonologues pensent que les démons se multiplient entre eux. C'est pourquoi leur nombre ne cesse de croître. Et si l'on y regarde de plus près, on parle souvent d'un démon fils ou fille d'un autre démon, comme Acham qui serait la fille de Lilith.

Voilà ce que je pense : à l'origine, les démons étaient un certain nombre, tous anges déchus, donc inhumains. Je place les nombreuses divinités démonisées dans cette catégorie. Au fil du temps, les démons se sont multipliés entre eux et ont donné naissance à d'autres démons. À cela, s'ajoutent les hommes qui sont venus grossir les rangs des légions infernales, par un pacte ou parce qu'ils ont vécu dans un état de péché continuel. Je pense notamment à Néron et Hitler. Il faut garder en tête que les démons veulent grossir leur armée et donc recrutent des soldats parmi les hommes en les tentant ou en les possédant ou en les rendant mauvais. Ces âmes sont sans cesse tourmentées et doivent obéir à un démon inhumain. Dans le monde démoniaque, la compassion n'existe pas.

En tentant les hommes, les démons recrutent d'autres âmes qui viendront grossir leur armée. Tous les hommes cupides, violents, méchants, égoïstes, qui se sont laissés aller à la luxure, à la course au pouvoir, à la course à l'argent... viendront grossir les rangs de l'armée démoniaque. Attention toutefois, ils ne seront pas heureux en enfer, bien au contraire, car ils connaîtront des tourments éternels.

Et cette thèse expliquerait la possession démoniaque. En effet, le démon possède un homme pour le pousser à bout en le faisant souffrir. Ainsi, sa victime sombre dans la dépression et finit par se suicider. Et donc, son âme est perdue et vouée au démon.

III) L'exorcisme

Nous voilà plongés au cœur du sujet et quel sujet !

De nos jours, on ne croit plus en la possession démoniaque, car la psychiatrie a supplanté l'exorciste dans ce domaine. Or, le psychiatre ne peut pas guérir des troubles démoniaques, et lorsque le patient n'est soulagé par aucun traitement, il est alors temps d'appeler un prêtre.

La possession démoniaque est aujourd'hui quelque chose que l'on a banalisé à travers le cinéma. Le film l'Exorciste de William Friedkin a relancé le sujet et a jeté une vague de terreur sur toute l'Amérique et l'Europe.

L'Église elle-même ne croyait plus en la possession démoniaque. Elle revient sur sa position et de plus en plus de prêtres-exorcistes sont formés. Car le Mal est bien réel, bien présent, dans notre vie quotidienne. Beaucoup sont dans des asiles psychiatriques alors qu'ils sont possédés, beaucoup continuent une vie « normale » en étant possédés et certains finiront par sombrer dans la drogue, dans l'alcool ou finiront par tuer ou se suicider.

Donc, oui c'est un Mal qu'il faut combattre.

3.1) Définition de la possession démoniaque

Le Larousse nous dit que la possession démoniaque est un phénomène diabolique qui fait d'un sujet l'instrument du démon.

Définition juste, bien entendu, mais incomplète. La possession démoniaque est plus perfide, plus complexe que cette simple définition.

Rappelons-nous qu'après la crucifixion du Christ, Satan est vaincu. Or, il lutte contre les fidèles et les autres pour les empêcher de croire à Dieu. Et ce combat, qu'il sait perdu d'avance, se poursuivra jusqu'au Jugement Dernier.

Tous les hommes sont plongés dans cette lutte, qu'on le veuille ou non, c'est ainsi. Notre travail à nous, notre unique épreuve est de résister aux tentations de Satan et de lui faire face, même dans les mauvais jours, afin de gagner notre place aux côtés du Christ. C'est notre épreuve, notre unique épreuve, car nous devrons tous comparaître devant le tribunal du Christ. Jésus est le seul juge. C'est lui qui jugera nos actes. Ceux qui ont succombé à Satan seront condamnés.

Par contre, nous avons les moyens de lutter contre Satan et ces moyens, c'est la prière.

Aujourd'hui, à cause du mauvais usage des médias, du matérialisme, du pouvoir donné à l'argent et à la société de surconsommation, Satan est omniprésent. Il nous tente sans arrêt et beaucoup lui ont succombé. Il n'y a qu'à voir la multiplication des sectes sataniques, la multiplication de la misère morale dans le monde, le manque d'entraide, l'importance donnée à l'argent, la décadence du sexe, la mise à mal de la famille, la mise en avant d'actes barbares...

À côté des tentations, Satan peut aussi posséder un corps pour en faire son jouet. C'est ainsi que le démon prend possession d'un corps, le contrôle, agit à travers lui, pour, avant tout, faire souffrir son hôte. C'est comme un jeu pour lui. Le faire souffrir, le pervertir et faire grossir son armée. Il y a des personnes qui sont possédées, mais qui ne s'en rendent même pas compte.

Concrètement, la possession démoniaque est le phénomène par lequel un démon envahit notre corps et notre esprit afin d'en prendre le contrôle. L'exorcisme est la pratique qui vise à expulser le démon hors du corps de la victime et à la libérer de l'emprise démoniaque. Deux étapes précèdent la possession démoniaque : l'obsession qui est une suite de tentation et d'attaques violentes, parfois continuelles, faites par le démon et la vexation où le démon provoque toutes sortes de troubles et de maladies chez sa victime. Il y a aussi l'infestation diabolique qui touche les demeures, les objets et les animaux. L'infestation peut conduire à l'obsession et donc à la possession.

Pour posséder un être humain, le démon doit l'affaiblir, c'est-à-dire qu'il doit s'attaquer à lui. La plupart du temps, il se montre à lui, lui fait sévir des sévices, grogne ou parle à côté de lui, tape dans les murs… C'est l'obsession ou la vexation diabolique.

J'aimerais ajouter que la possession démoniaque n'est pas contagieuse, ce n'est pas un virus ni une bactérie qui peut se transmettre par les airs, la salive ou le sang. La famille, ceux qui assistent aux exorcismes ou même l'habitation du possédé ne sont pas touchés. À la différence du péché et du blasphème, qui eux sont contagieux et peuvent anéantir une famille entière et toucher les endroits que le pécheur ou le blasphémateur fréquente.

3.2) L'exorcisme dans l'Église

Dans ce chapitre, j'aimerais évoquer, avec vous, l'histoire de l'exorcisme dans l'Église catholique de Jésus-Christ à ce jour. Ce thème n'a quasiment jamais été abordé et il me semble essentiel d'en parler pour comprendre réellement ce qu'est un exorcisme et comment il a été et est pratiqué aujourd'hui.

Dans cet exposé, je ne parlerai pas de l'Antiquité, car c'est une période où le diable et la pratique de l'exorcisme étaient très présents. Dans mon blogue « Possession et Damnation », je relate certaines histoires de l'Antiquité, notamment avec l'article sur la possession de Loudun.

De tout temps, dans toutes les religions, chez tous les peuples, même avant les Hébreux, les Égyptiens, les Assyriens… il y avait déjà une intuition de l'existence des esprits du mal. On devait d'ailleurs s'en défendre par différents moyens conformes à la mentalité socioculturelle des divers peuples. C'est pourquoi je peux le dire : l'exorcisme a toujours existé, sous d'autres formes, mais il a toujours été présent.

Dans l'Église orientale, l'institution de l'exorcisme n'a jamais été acceptée. L'exorcisme est considéré comme un charisme personnel.

En Roumanie et en Moldavie, on fait des exorcismes à tour de bras dans les monastères orthodoxes. Pour cela, il suffit de le demander ! Chez les orthodoxes, l'exorcisme est considéré comme une pratique ordinaire, comme elle l'était dans le passé au sein de l'Église catholique.

En Égypte, dans l'Église copte, il existe quinze monastères ou sanctuaires où l'on pratique régulièrement des exorcismes.

Le Christ a donné le pouvoir de chasser les démons. C'est un pouvoir qui exige l'obligation de croire en Lui et de lui être fidèle.

3.2.1) Pendant la vie du Christ

L'Évangile nous parle d'une manière claire et précise de la lutte de Jésus-Christ et du démon. La vie publique de Jésus commence avec la tentation au désert.

Durant sa vie sur terre, Jésus a délivré de nombreuses personnes possédées du démon. Il est le premier exorciste. Ce pouvoir qu'a Jésus de vaincre les démons, de les repousser est fortement souligné dans les Évangiles et est reconnu par les démons eux-mêmes. Comme l'affirme Jean, le Christ est venu « pour détruire les œuvres de Satan » (Jean 3,8). Jésus dit lui-même être venu pour détruire le règne du démon et instaurer le Règne de dieu (Luc 11,20).

Le diable, « prince de ce monde » (Jean 14,30) comme l'appelle le Christ ou, « dieu de ce monde » (Corinthiens 4,4) comme l'appelle Jean, était le fort et se sentait sûr de sa domination. Or, Jésus lui enleva sa domination. L'importance de cette lutte directe, de cette victoire, est fondamentale pour comprendre l'œuvre de la Rédemption.

Jésus nous a donné un enseignement précis en ce qui concerne le démon. Il a mis en lumière l'action de Satan contre Dieu, il a libéré les possédés, faisant ainsi clairement la distinction entre la délivrance proprement dite et la guérison des malades.

Jésus a donné ce pouvoir aux Apôtres puis à tous ceux qui croient en lui, étendant ainsi largement le pouvoir de faire le bien et que seul un aveuglement contemporain ne comprend pas et tente de nier.

Les Apôtres ont continué à chasser le Malin après la Résurrection du Christ et ils en parlent dans les Évangiles : « Résistez à Satan et il vous fuira » (Jacques 4,7), « celui qui est issu de Dieu ne pèche pas et Dieu le protège de façon à ce que le Malin ne le touche pas. » (Jean 5,18), « Notre bataille ne consiste pas à lutter contre les créatures faites de chair et de sang, mais contre les princes, les puissances, les domi-nateurs de ce monde obscur, contre les esprits malins des régions cé-lestes. » (Éphésiens 6,12)

La Bible parle du démon plus de 1 000 fois et le Nouveau Testament compte 568 références au démon. Celui qui ne croit pas au démon ne comprend pas l'œuvre du Christ et trompe les fidèles. Les Apôtres ont réalisé des exorcismes et leurs successeurs, les évêques, y croient-ils ? Parfois j'en doute et c'est ce qui fait que le monde va mal aujourd'hui, car les seuls qui peuvent lutter contre le démon ne croient pas en lui.

3.2.2) Au cours des trois premiers siècles

Lors de la construction de l'Église chrétienne, tous les chrétiens pou-vaient exorciser, pouvaient exercer le pouvoir reçu du Christ et qu'ils ont toujours, pouvaient chasser le démon au nom du Christ.

Les exorcismes avaient une grande valeur apologétique, ce qui con-duisait les païens possédés à s'adresser aux chrétiens pour obtenir la délivrance.

Tertullien et Justin confirment par des écrits l'efficacité avec laquelle les chrétiens délivraient du démon d'autres chrétiens ou des païens. À cette époque, on croyait en Satan et donc aux influences maléfiques et c'est cette croyance qui permettait d'être sauvé.

Le pape Paul VI nous dit que « Ce n'est pas étonnant alors, si notre société régresse du niveau d'une authentique humanité, au fur et à mesure qu'elle avance dans une pseudo-maturité morale, vers une indifférence, à un refus de voir la différence entre le bien et le mal. L'Écriture nous avertit durement que le monde (allant vers la décadence que nous observons) gît sous le pouvoir du Malin. » Et il a raison !

Ces réflexions prennent tout leur sens lorsque nous voyons le monde aujourd'hui qui est bien sous la domination de Satan. Avant, le pouvoir apologétique des exorcismes attirait les païens vers les chrétiens. Aujourd'hui, nous sommes dans la situation contraire : les chrétiens ne trouvent plus aucune compréhension ni aucune aide au sein de l'Église et ils s'adressent aux mages, à d'autres religions, aux sectes... C'est le païen qui attire le croyant.

Revenons à la période qui nous intéresse. Irénée nous dit que l'invocation seule du nom de Jésus-Christ suffit à chasser Satan des hommes. Celsius nous dit que la force de l'exorcisme repose sur le nom de Jésus. Origène ajoute et affirme qu'au nom de Jésus, on peut chasser les démons des personnes, mais aussi des choses, des lieux, des animaux.

La pratique des exorcismes s'est développée, dans et depuis les premiers temps, dans deux directions différentes : la délivrance des possédés et le rite du baptême. Malheureusement, lors de la dernière réforme liturgique, et probablement pour ne pas effrayer les fidèles, l'exorcisme baptismal, surtout des petits enfants, a été réduit. Le baptême perd ainsi sa fonction d'exorcisme.

Les premiers chrétiens étaient convaincus que le paganisme était l'œuvre du démon. Ils y voyaient une contrefaçon de la vraie religion, contrefaçon opérée par le démon. D'où la nécessité de l'exorcisme sur chaque individu et sur le monde social, pour que la domination du démon passe à la domination de Dieu.

3.2.3) du IIIe au VIe siècle

C'est une période de grandes évolutions pour l'Église et pour la pratique de l'exorcisme. De grands évènements historiques, comme les victoires de Constantin et de Théodore, peuvent faire penser que le paganisme a été détruit par le christianisme. Mais, les invasions barbares sont interprétées comme l'avènement d'un nouveau paganisme ayant aussi besoin d'être exorcisé. Ce fut le début de grandes figures, comme saint Martin de Tours, qui fut un grand exorciste et qui fit convertir beaucoup de barbares.

Le début du monachisme donna beaucoup d'élan à l'exorcisme. Les premiers moines, Antoine, Pacôme, Hilarion, se retirent dans le désert pour combattre le démon. Le but principal des premiers moines était de lutter contre le démon, de délivrer l'humanité de ses assauts. Ce qui en fait des combattants de première ligne. Cette lutte a été clairement exprimée dans les œuvres relatant l'activité des premiers moines. Je pense, notamment, au manuscrit « La Vie de saint Antoine » écrit par saint Athanase.

Une idée commençait alors à poindre : même si tous les chrétiens pouvaient chasser le démon, ceux qui se consacraient à la prière et au jeûne l'emportaient dans cette œuvre.

Aux environs de l'an 300, pendant la dernière persécution de Dioclétien, nous trouvons des témoignages étroitement liés de chrétiens héroïques et de la lutte contre le démon. À Rome, parmi les derniers martyrs, se distinguent Marcellin et Pierre. Pierre est le plus ancien exorciste martyrisé que nous connaissons. On pense que c'est lui qui distilla l'idée de moine-exorciste.

À la même époque, les faux exorcistes, les escrocs se multiplient et il fallait s'en défendre. C'est ainsi que dans les premières dispositions canoniques dans l'Église occidentale, lors du Synode romain, le pape Sylvestre nomme les exorcistes dans les ordres mineurs. C'est aussi dû au droit romain qui veut tout régulariser. De cette façon, les exorcistes sont insérés dans le sacrement de l'Ordre. Par la suite, cette coutume sera abolie par l'Église anglicane, vers 1550, et pas l'Église catholique, avec le Vatican II.

L'Église orientale s'oppose à la bureaucratisation de l'exorcisme, car elle le considère comme un charisme, une capacité qu'a chaque fidèle, homme ou femme, à repousser le démon. Cette règle s'applique aujourd'hui encore : l'exorciste est celui qui a le charisme.

C'est en 416 que le pape Innocent Ier a décrété que les exorcismes ne pouvaient être administrés qu'avec l'accord de l'évêché. En Orient, on a continué à utiliser la liberté charismatique, sans aucune règle particulière.

Il faut préciser qu'en instaurant cette règle, l'Église n'a pas voulu limiter le pouvoir du croyant de se libérer du démon ou de libérer les autres du démon, ni de limiter le pouvoir qu'a l'Esprit-Saint de donner des charismes à qui bons lui semble (l'histoire de l'Église chrétienne est remplie de saints). Il n'a pas été question, non plus, de limiter le pouvoir donné par Jésus-Christ de chasser le démon en son nom. Mais, à partir de maintenant, il faudra parler de l'exorcisme comme d'un sacramental administré par les évêques et de prières de délivrance toutes les autres prières faites par des particuliers ou des groupes. Le but est certes identique, car l'on vise la délivrance du démon, mais les mots sont différents.

3.2.4) Du VIe au XIIe siècle

Pendant cette longue période, que ce soit en Orient ou en Occident, la pratique de l'exorcisme est en plein essor. Les Églises regorgent d'exorcistes et ceux qui veulent le devenir, doivent être apprentis d'un exorciste confirmé afin de suivre une préparation adéquate.

Aujourd'hui, le prêtre qui vient d'être nommé exorciste reçoit qu'une seule instruction qui est celle de se débrouiller.

C'est une période caractérisée par une grande créativité au niveau des formules d'exorcisme. Ces formules sont encore récitées aujourd'hui et sont dans le Rituel de 1614.

Durant cette même époque, on note la résurgence du dualisme manichéen, à travers l'hérésie des cathares et des albigeois, qui sera dénoncée par le Synode de Prague de 560. Il est utile de noter ce fait, car cela expliquera un certain type d'exorcismes et surtout la persécution des hérétiques, qui s'intensifieront durant les siècles qui suivront.

Jusqu'au XIIe siècle, le peuple et les théologiens rejetteront la croyance aux sorcières et ne pensaient pas à persécuter les possédés, mais à les aider et à les sauver.

Les premières représentations de Satan naissent à cette époque là et avec elles, les premières représentations des exorcistes. La pratique de l'exorcisme faisait partie intégrante de la pastorale de l'Église, comme cela doit être, mais n'est pas de nos jours.

3.2.5) Du XII au XV siècle

C'est une période très triste pour l'Église et une période qui prépare à des temps encore plus tristes. Bien sûr, c'est durant cette période que l'on construit les plus belles cathédrales, que de grands papes théocratiques viennent au pouvoir. Mais, c'est aussi la période de la lutte contre les albigeois, le début des grandes hérésies, avec les contestations anticléricales et anti-ecclésiastiques.

L'Europe est ravagée par des guerres sans fin. Le peuple a faim.

Et surtout, celles qui étaient appelées jusque-là « bonnes femmes », c'est-à-dire les femmes un peu fofolles, mais pour qui l'on avait de la compassion, deviennent des sorcières. Ces femmes qui avaient besoin d'être exorcisées sont, au contraire, persécutées et brûlées sur le bûcher.

Souvenons-nous de Jeanne d'Arc qui a été considérée comme une sorcière pour des motifs politiques, Jeanne d'Arc, qui avait davantage besoin d'écoutes et d'un exorcisme que du bûcher. Cela nous montre bien l'écroulement de la justice, non seulement juridique, mais aussi pastorale.

Ceux qui dirigent les pays, les peuples, l'Église, ceux qui commandent, prennent des dispositions aux conséquences gravissimes, sans doute pensant, dans un premier temps, modérer les choses en les réglementant.

En 1252, le pape Innocent IV autorise la torture contre les hérétiques.

En 1326, Jean XXII autorise, pour la première fois de toute l'histoire de l'Église, l'inquisition contre les sorcières, signant ainsi le début de la folie meurtrière qui va s'abattre partout en Europe et ailleurs. Et cette folie est accompagnée de calamités naturelles qui vont créer encore plus de pauvreté parmi le peuple, de la famine…

De 1340 à 1450, l'Europe entière est ravagée par la peste noire, une épidémie qui va décimer des peuples entiers dans de grandes souffrances et qui va engendrer l'écroulement des valeurs morales, luttes civiles, schismes au sein même de l'Église.

Et c'est de cette débâcle que surgit la manie de tout diaboliser, non pas une diabolisation qui conduit vers l'exorcisme et donc la délivrance, mais une diabolisation destructrice.

3.2.6) Du XVIe au XVIIe siècle

Ce fut vraiment une période de pure folie, une période où les exorcismes ont laissé la place aux persécutions.

C'est une période très noire qu'il est indispensable de décrire pour comprendre notre époque actuelle. En décrivant cette période, nous apprenons beaucoup sur notre propre époque. Et je m'aperçois d'un fait bien établi qu'il est indispensable de retenir : là où l'on fait des exorcismes, il n'y a pas de persécutions, même si l'on est à la même période, avec la même mentalité, avec les mêmes problèmes. Là où le diable n'est pas combattu et chassé par les exorcismes, les hommes sont diabolisés et tués. Ce phénomène est particulièrement vrai pour notre époque et me préoccupe beaucoup pour notre société et l'Église.

Aujourd'hui, les hommes d'Église emploient moult ruses, injonctions, tentatives pour minimiser l'existence du démon et pour réduire son action, cela n'est pas bon. Lorsque je constate que l'on ne chasse plus le démon, mais au contraire, qu'on essaie d'éliminer les exorcismes de la pastorale, je me dis que nous serons bientôt perdus. Car, ce n'est pas le diable qui va en pâtir, mais bien l'homme. Et il y a tellement de façons différentes de diaboliser l'humanité (Dachau, les goulags, les génocides, les nettoyages ethniques...). Cela me fait très peur, car l'on ne s'attaque pas au bon ennemi.

Revenons à l'époque qui nous intéresse. Donc, je disais qu'à cette époque déjà, on ressentait le besoin urgent de réformer les rituels d'exorcismes, mais personne n'a bougé. Comme aujourd'hui d'ailleurs, où la seule partie délaissée et non réformée après le Vatican II reste le Rituel.

Alors comme les hommes d'Église ne se décidaient pas à se pencher sur la question, Charles V prit l'initiative de le faire. Il promulgua un édit « Ad Augusta » le 9 juillet 1548 dans lequel il ordonnait la réforme du Rituel. Mais le mal était trop profond et la chasse aux sorcières atteignit son comble dans les années 1560 à 1630.

Heureusement qu'il y a eu quelques éclaircies dans cette sombre période. Prenons le cas de Jeanne Fery (1559-1620), qui était une véritable sorcière liée au diable par un pacte à dénoncer à l'Inquisition et à brûler au bûcher selon les règles en vigueur à cette époque-là. Grâce au Ciel, elle trouva sur son chemin Louis de Berlaymont, archevêque de Cambrai, qui fit le nécessaire pour que Jeanne ne soit pas soumise à un procès et condamnée, mais exorcisée. Il fallut plus d'un an pour que Jeanne soit délivrée du démon. Après, elle vécut de manière exemplaire le restant de sa vie et entra dans les Ordres. Ce qui montre que l'exorcisme est bien l'arme à adopter contre le Malin et non la persécution.

L'idée de la chasse aux sorcières se répandit surtout dans les pays protestants, là même où au XVIIe siècle des guerres de religion éclateront.

Ce que je tiens à souligner, c'est que là où l'on pratiquait encore des exorcismes, il n'y eut pas de persécutions. Par exemple, dans la Rome des Papes, on recense qu'un seul cas et dans l'Irlande catholique, les sorcières ne furent pas persécutées, mais sauvées.

Le jésuite Friedrich Spee publia en 1631 le livre « Cautio criminalis » dans lequel il dénonce la torture et la chasse aux sorcières. C'est le début de la résipiscence qui s'étendit dans le camp des protestants. Par contre, cela n'eut aucun effet sur le Concile de Trente qui se borna à considérer l'exorcisme comme un ordre mineur.

3.2.7) Du XVIIIe siècle à nos jours

C'est la fin de la chasse aux sorcières, qui cessa d'une manière aussi absurde qu'elle avait commencée, d'un seul coup. Mais ce à quoi l'on se serait logiquement attendu n'advint pas : la persécution remplaça les exorcismes et non le contraire.

Par contre, là où l'on continuait à pratiquer les exorcismes, il n'y eut pas de persécution. Il aurait donc fallu remettre les exorcismes en vigueur. Mais cela ne se fit pas. Au contraire, la réaction aux excès du passé conduisit à un désintérêt total du diable et de son action, désintérêt qui subsiste encore aujourd'hui.

Le diable devint un symbole, un pantin, l'emblème de l'idée abstraite du mal. Et non plus un être, une entité qui agit en profondeur.

À ce changement brusque, qui s'est poursuivi pendant trois siècles, l'athéisme a fait son apparition. La culture laïque a été très présente dans les milieux ecclésiastiques, surtout dans les universités, entraînant de fortes répercussions sur les évêques et les prêtres. C'est alors toute la religiosité du peuple qui a subi un effondrement général. Et comme cela arrive toujours lorsque la foi diminue, on se jette sur la superstition.

La culture laïque s'est trouvée dominée par l'œuvre de démythification entreprise par les rationalistes incroyants, les partisans de l'illuminisme, les scientifiques, qui nièrent en bloc tout le christianisme.

Et voilà comment l'on arrive, au XXe siècle, au matérialisme historique, à l'athéisme enseigné aux masses par le communisme, à la société de consommation du monde occidental. Et cette influence a été grande dans le monde ecclésiastique même. En effet, dans les séminaires et les universités pontificales, on ne parle presque plus du démon, encore moins des exorcismes. Et pourtant, cela est dans les Saintes Écritures. Et les théologiens et les biblistes qui nient l'existence de Satan sont toujours à la mode !

On ne peut nier qu'il y eut toujours quelques exorcistes, certains célèbres comme le Père Gabriel Amorth et le Père Candido Amantini, qui sont toujours nommés par les évêques et l'existence du Rituel. Mais, on ne peut pas attendre grand-chose d'un épiscopat ayant le monopole sur la nomination des exorcistes qui, pour des raisons historiques, n'a jamais pratiqué d'exorcisme, ne connaît pas le Rituel et n'y croit plus.

3.2.8) Conclusion

J'ai dressé un rapide diaporama de l'histoire de l'Église catholique et je pense qu'il est bon d'en retenir quelques points. Si j'arrive à changer la mentalité d'un seul lecteur, alors je me dis que j'ai gagné !

Tout d'abord, il faut se dire que les démons existent. Ce sont des esprits purs créés bons par Dieu, mais qui se sont pervertis. Ces démons exercent sur les hommes un pouvoir maléfique qui peut aller jusqu'à la possession. Le Christ nous a donné les moyens de chasser les démons, il a conféré ce pouvoir à ceux qui croient en lui. Ces points sont bien établis dans les Évangiles, donc, j'ai envie de dire que ceux qui ne croient pas au diable, sortent de la foi chrétienne.

La lutte contre le démon doit être menée par tous. C'est essentiel et c'est le fondement même de la vie. Il faut sans cesse le repousser, ne pas être tenté et vivre le plus humblement, le plus juste possible, envers soi et envers autrui. L'action ordinaire du démon est la tentation. Nous devons lutter contre les tentations issues de la chair, du monde, du démon.

L'exorciste doit être considéré comme un prêtre qui est missionné par l'Église dans le but de venir nous aider lorsque nous sommes en butte par rapport à l'action extraordinaire du démon.

Aujourd'hui et après plus de trois siècles, nous assistons enfin à un lent réveil de cette réalité qu'est le diable. Nous assistons à une multiplication des demandes pressantes d'exorcisme de la part du peuple de Dieu, à l'augmentation des exorcismes, à une prise de conscience générale. Les demandes sont tellement grandes que le clergé peine à les satisfaire toutes.

Et, contre toute attente, cette reprise est due, pour une part, à la culture laïque. Eh oui ! Je m'explique : pendant longtemps, la culture laïque s'est empressée de jeter le discrédit sur toutes les réalités spirituelles. Et les grandes découvertes scientifiques ont renforcé ce sentiment que tout pouvait s'expliquer par la science. Mais, on s'est aperçu que la science ne peut expliquer tout, qu'elle a ses limites et qu'elle peut causer du mal à l'humanité, comme la bombe atomique par exemple. Même les plus grands scientifiques, les plus intelligents disent aujourd'hui que la science a ses limites, qu'il y a des lois et des forces qui échappent à son contrôle.

Devant un cas inexplicable, devant un patient qui ne peut être soulagé par aucun traitement, de plus en plus de psychiatres se tournent et travaillent en collaboration avec des exorcistes et cela est une vraie avancée. Mais, il existe toujours des ecclésiastiques qui envoient tout le monde chez le psychiatre ! Je ne désespère pas que cette mentalité change.

Bien sûr, nous sommes loin de considérer l'exorcisme comme un service pastoral, qui s'intègre à la pastorale normale et auquel on consacre un personnel suffisant. Certains pensent que la présence d'un exorciste dans une pièce est nuisible, qu'il diabolise tout. Au contraire, puisque l'exorciste apaise, tranquillise, fait fuir les fausses peurs, apporte la paix. Et on l'a vu au cours de l'histoire : là où l'on pratiquait des exorcismes, on ne diabolisait pas et l'on ne tuait pas les gens.

3.3) Les croyances

Dans ce chapitre, j'aimerais vous parler des croyances concernant le diable et l'exorcisme, de certaines choses que j'entends autour de moi, que je vois et qui m'horripilent au plus haut point.

Tout d'abord, sachez que les chrétiens n'ont pas l'exclusivité du diable. Eh non ! Satan s'attaque à tout le monde et bien plus encore à ceux qui ne croient pas au Christ ou qui le renient.

Chez les Mongo, une tribu d'Afrique Centrale, la possession prend le nom de zebola et ne touche que les femmes. C'est une forme de psychothérapie.

En Éthiopie, on parle de zar. Ce phénomène touche essentiellement les femmes et les hommes efféminés.

En Afrique du Sud, les femmes possédées sont appelées inwatso et sont hautement considérées lorsqu'elles développent une capacité de divination.

Dans le vaudou haïtien, il existe des rites de possession.

En chine, au Japon, en Inde, en Indonésie, en Malaisie... il existe des traditions incorporant la possession.

Dans la religion juive, un individu peut être possédé par un dibbouk, qui est une sorte d'esprit démoniaque. Cet esprit peut être exorcisé selon un rituel précis.

Chez les catholiques, on parle de possession démoniaque. Ici, une personne peut être possédée par un démon (donc un ange déchu). Ce démon prend alors le contrôle du corps et de l'esprit de la personne et modifie son comportement contre son grès. Il existe un rituel romain d'exorcisme pratiqué par des prêtres-exorcistes pour chasser le démon de la personne. C'est la croyance à laquelle j'adhère et qui est abordée dans ce livre.

Dans le Coran, on ne parle pas de possession, mais plutôt d'influence satanique. Chez eux, les djinns (démons) peuvent influencer le comportement d'un individu.

J'ai aussi entendu dire que les démons n'ont pas de pouvoir sur les croyants, sur ceux qui sont bons, car ces derniers sont protégés. Cette affirmation est vraie dans une certaine mesure. Le démon fuit la personne qui prie, mais il la guette et dès qu'il peut la tourmenter, il le fera. Par contre, la personne pieuse aura les moyens de le combattre et Dieu peut permettre que le démon la torture, pour tester sa foi, mais il fera cesser cela très vite. Satan a torturé de nombreux croyants. Je pense, notamment, à Saint-Paul de la Croix, au pape Jean-Paul II, au Padre Pio… Cette torture infligée et voulue par Dieu (car rien ne se fait sans l'accord du Créateur) avait pour but de leur faire vivre les souffrances du Christ afin de renforcer leur foi.

Un démon peut s'attaquer à un croyant, à quelqu'un qui a été baptisé, surtout si ce dernier s'est vautré dans le péché ou a une vie tournée vers le péché. C'est l'épreuve que Dieu lui envoie pour le remettre dans le chemin de la foi. Par contre, il sera plus difficile pour un démon d'arriver à ses fins (c'est-à-dire à la possession et au suicide) chez une personne croyante.

Il faut se dire que le démon s'attaque surtout aux pécheurs, car c'est plus simple pour lui. Celui qui vit continuellement dans le péché, celui qui fait du spiritisme, celui qui s'adonne à des orgies, celui qui recherche la gloire à tout prix (je pense aux artistes du Club des 27), celui qui ne cherche qu'à s'enrichir est une proie facile.

Il est vrai qu'un démon peut aussi agir à travers un maléfice, car celui qui jette le maléfice appelle le démon et lui demande d'agir sur une tierce personne. Cette dernière sera la victime innocente, c'est-à-dire que le démon va s'en prendre à elle même si elle ne vit pas dans le péché. La personne qui a jeté le maléfice devient, sans le savoir, l'esclave du démon. Je reviendrai sur les maléfices un peu plus tard, car il y a beaucoup à en dire.

Retenez bien que le diable est omniprésent dans notre société de surconsommation. Il détient l'argent, a une prise énorme sur les hommes grâce à l'argent justement, sur ses agissements, car notre monde actuel tourne autour d'une seule valeur qui est l'argent. Aujourd'hui, l'on pense à tort que rien n'est aussi important que l'argent. Et l'on ne voit plus les petits bonheurs simples du quotidien, comme le sourire d'un enfant, un repas entre amis...

Depuis le XIXe siècle, avec les textes de LaVey et son horrible « Bible Satanique », on représente, à tort, Satan comme le symbole de la révolte et de la liberté absolue. Et beaucoup de personnes ont rejoint ces sectes sataniques laveynistes. Beaucoup de personnes croient que ce que dit ce prêtre noir est vrai. Que ce qu'il prône est juste. LaVey prône l'individualité, l'estime de soi au détriment des autres. Et ceux qui le suivent banalisent le mal qu'elles se font (en participant à des orgies ou à des messes noires par exemple, en subissant des sévices, en s'infligeant des sévices...) et qu'elles font aux autres (en sacrifiant leur enfant, en faire subir des sévices aux autres...). Ce mal est entré dans les mœurs et toutes ces personnes se croient libres. Or, elles ne le sont pas. Elles sont esclaves de Satan, possédées par lui. Le pire, c'est qu'elles n'en ont pas conscience. Elles sont esclaves de l'argent, de leur orgueil, de leur inhumanité qui les empêche de ressentir de la compassion et de l'amour, de leur quête de pouvoir...

J'ai entendu dire que les sataniques dirigent le monde. Je pense que cela est vrai. Les sataniques dirigent le monde via des branches différentes qui englobent tous les domaines de notre société. On trouve, dans ces branches, les illuminati, les sionistes, certains médias... Ceux qui s'enrichissent au détriment des pauvres appartiennent au démon. Ceux qui font le mal, ceux qui envient leur voisin, ceux qui créent des disputes, ceux qui tuent pour le plaisir, ceux qui vendent de la drogue… toutes ces personnes sont esclaves de Satan.

J'ai coutume de dire que l'argent appartient à Satan. D'accord, on a besoin d'argent pour vivre, manger, avoir un toit, faire manger ses enfants… mais a-t-on vraiment besoin d'une voiture puissante et hors de prix pour se rendre à son travail ? A-t-on vraiment besoin de posséder le dernier iPhone ou smartphone à la mode pour joindre ses amis ou sa famille ? A-t-on vraiment besoin de se hausser sur des Louboutin pour marcher ? A-t-on vraiment besoin de tous ces produits I-Tech pour vivre ? A-t-on besoin de porter un manteau de fourrure pour avoir chaud ? Je ne le pense pas.

Faire le mal est toujours plus simple que faire le bien, car faire le bien demande un sacrifice que peu sont capables de réaliser. Or, faire le bien procurera toujours plus de plaisirs, toujours plus de bien-être, que faire le mal.

Il n'y a pas de joie plus grande que celle de rendre heureux les autres sans retour, car le bonheur, lorsqu'il est partagé, est aussi multiplié. À méditer.

Concernant la possession diabolique, beaucoup ont en une représentation faussé. On est loin de la petite Regan dans le film l'Exorciste qui se contorsionne de partout, qui vomit des jets verts gluants, qui tourne sa tête à 380 °… Le possédé est victime de crises dans lesquelles il se tord de douleurs, crie, hurle, se fait du mal. Il est en souffrance. Parfois oui, il peut léviter. Parfois, le démon parle à travers lui d'une voix caverneuse. Ses yeux peuvent se révulser, mais ce n'est pas systématique. Une crise de possession démoniaque ressemble beaucoup à une crise d'épilepsie.

Entre ces crises, le possédé vit normalement, enfin presque. Souvent, il est en proie à de grandes douleurs morales et physiques, douleurs qu'aucun médecin ne peut soulager. Souvent, il devient violent tout à coup ou entend des voix ou des bruits ou voit des entités fantomatiques. Un possédé peut continuer, dans les cas les moins graves, à travailler, à sortir avec des amis, à avoir un comportement social normal. Il souffre en silence. Et lorsqu'il sent une crise arriver, il s'isole et attend que cela passe.

Dans d'autres cas, le possédé souffre tellement, qu'il s'isole, qu'il ne veut plus voir personne, que ses amis et ses parents, se méfiant de lui et croyant qu'il est dangereux, le mettent à l'écart. Alors, il sombre dans l'alcool ou la drogue pour soulager ses maux et finira inévitablement par se suicider si l'on ne l'aide pas. Souvent, on appelle le psychiatre devant un cas comme celui-là et le possédé reçoit alors des antidépresseurs, des anxiolytiques, qui ne vont pas résoudre son problème. Bien au contraire, cela va l'aggraver.

Tout cela pour vous dire, chers lecteurs, qu'il n'existe pas qu'une seule forme de possession diabolique, mais beaucoup. Disons qu'il existe autant d'histoires personnelles que de démons. Et la possession diabolique varie en fonction de la croyance du possédé, de son état de pécheur et si la possession est la conséquence d'un maléfice (ce sont les cas les plus nombreux) ou si elle provient d'une autre raison. C'est pourquoi l'exorciste cherchera toujours à savoir la vie de la victime, à comprendre pourquoi elle est possédée.

IV) Pourquoi et comment le démon nous possède-t-il ?

Pour répondre à la question « pourquoi le démon nous possède-t-il ? », j'ai envie de vous répondre que c'est pour nous faire souffrir, pour grossir ses rangs, pour s'opposer à Dieu et tout simplement parce qu'il aime faire le mal. À cette question, je répondrai aussi parce que Dieu le veut. N'oublions pas le chapitre sur la centralité du Christ et le dessein de la Création.

La question « comment le démon nous possède-t-il » est plus complexe, car le démon utilise une panoplie de manœuvres, de ruses, pour nous tenter et nous posséder.

C'est particulièrement à cette dernière interrogation que je vais tenter de trouver une explication dans le reste de ce chapitre.

4.1) Les pouvoirs de Satan

Les Saintes Écritures nous parlent du Royaume de Dieu, mais aussi du Royaume de Satan. Elles évoquent aussi bien la puissance de Dieu que le pouvoir de Satan. Ne dit-on pas les forces des ténèbres ? On ne peut croire en l'un sans croire en l'autre et nier l'un c'est nier l'autre. D'ailleurs, c'est ce que Satan veut. Moins on croit en lui, mieux il peut agir.

Revenons un peu sur la Création : Satan était le premier ange créé par Dieu, le plus parfait et le plus intelligent. Alors Lucifer, car archange de lumière, était doté de pouvoirs, d'une autorité naturelle et d'une supériorité incontestable sur les autres anges créés à sa suite. Lucifer, en cherchant à comprendre l'œuvre de Dieu sans jamais y parvenir, deviendra Satan, car toute l'œuvre de Dieu, la Création, est centrée autour du Christ. Et cette œuvre ne pouvait se révéler avant l'apparition du Christ sur terre.

Donc, Satan, qui voulait être au centre de la Création, s'est rebellé, entraînant avec lui d'autres anges et archanges, dont Belzébuth, Méphistophélès, Bélial… et bien d'autres encore. S'opposant ainsi à l'œuvre de Dieu, Lucifer est devenu Satan l'Adversaire. D'où ses efforts continuels pour dominer le monde et plier l'homme à sa volonté afin qu'il s'oppose à Dieu, et cela depuis Adam et Ève.

Pour ce faire, Satan garde les pouvoirs que Dieu lui a donnés. Pourquoi ? Parce que Dieu ne renie jamais ses créatures, aussi mauvaises soient-elles. En s'éloignant de Dieu, en étant bannis du Royaume de Dieu, Satan et toute sa troupe ont donc conservé leurs pouvoirs, leurs rangs (Trônes, Dominations, Puissances…), et cela même s'ils en font mauvais usage.

Mais rien, et je le répète, rien ne se fait sans l'accord de Dieu. Satan ne peut nous toucher, ne peut user de son pouvoir extraordinaire, sauf si Dieu l'accorde. Et Dieu l'accorde dans quatre cas :

-       Soit lorsque nous vivons dans un état de péché aggravé, en faisant ce qui est interdit par la Loi Divine (en ayant recours à la magie, au spiritisme, en se vautrant dans la luxure, dans l'avarice, en tuant un homme, en répandant la souffrance…).

-       Soit lorsque nous le demandons, par des rites sataniques, par la magie…

-       Soit lorsque nous renions Dieu.

-       Soit pour nous faire subir une épreuve, alors que nous sommes croyants, afin de nous rapprocher de lui.

Et dans tous les cas, que nous soyons croyants ou pas, pieux ou pas, que nous vivions dans la loi Divine ou pas, que nous soyons humbles ou pas, Satan garde son pouvoir de nous tenter, donc de son pouvoir ordinaire. Ce sont nos épreuves. À nous de lui résister.

Pour illustrer ce propos, je vous propose de découvrir, succinctement, la vision du Léon XIII afin de comprendre comment Satan agit sur les hommes. Léon XIII, pape élu le 20 février 1878 et jusqu'au 20 juillet 1903, était un pape prophétique et visionnaire.

Le 13 octobre 1884. Le pape Léon XIII termine la célébration de la Sainte Messe dans la chapelle Vaticane, entouré de plusieurs Cardinaux et autres membres du Vatican. Soudain, il s'immobilise au pied de l'autel et reste environ 10 minutes immobile, comme fixé dans une extase, le visage baigné de lumière.

Puis, sans un mot, il se rend de la chapelle à son bureau et compose une prière, celle à Saint-Michel.

Voici cette prière :

« Saint Michel Archange, défendez-nous dans le combat. Soyez notre secours contre la méchanceté et les embûches du démon. Que Dieu lui retire tout pouvoir de nous nuire, nous vous en supplions ! O Prince très saint de la milice céleste, repoussez en enfer, par la puissance divine, Satan et ses légions d'esprits mauvais qui rôdent dans le monde en vue de perdre les âmes ! »

Il s'agit d'une belle prière que chacun peut réciter dans son propre intérêt.

Une demi-heure plus tard, il appelle le Secrétaire de la Congrégation des rites, et, en lui tendant une feuille, lui ordonne de l'imprimer et de la transmettre à tous les Ordinaires du monde. Cette missive contenait l'instruction de réciter cette prière dans toutes les églises du monde, à la fin de la messe, avec la supplication de la Sainte Vierge et l'imploration de Dieu pour qu'il nous aide à repousser Satan en enfer. Ces prières devaient se faire à genoux.

Lorsque l'on demanda au pape ce qui lui était arrivé, ce dernier expliqua qu'au moment où il s'apprêtait à quitter le pied de l'autel, il entendit deux voix : l'une douce et bonne, l'autre gutturale et dure, qui semblaient venir d'à côté du tabernacle.

Dans ce dialogue, Satan disait avec fierté pouvoir détruire l'Église, mais que pour y arriver, il demandait plus de temps et de puissance. Le Seigneur accepta sa requête et lui demanda de combien de temps et de combien de puissance il avait besoin. Satan répondit qu'il avait besoin d'une centaine d'années et d'un plus grand pouvoir que ceux qui avaient été mis à son service. Le Seigneur accorda alors à Satan le temps et l'énergie demandés, en lui donnant toute liberté d'en disposer comme il le voulait.

Après ce dialogue, Léon XIII eut une vision terrible. Il a vu notre belle planète bleue enveloppée dans les ténèbres et l'abîme, ainsi que des légions de démons dispersés sur toute la surface de la Terre et occupés à détruire les œuvres de l'Église. Puis est apparu Saint-Michel Archange qui chassa les mauvais esprits dans l'abîme.

Après cette vision, le pape Léon XIII a également écrit un exorcisme spécial figurant dans le Rituel Romain. Il recommandait aussi aux évêques et aux prêtres de réciter souvent ces exorcismes dans les diocèses et les paroisses. Lui-même le faisait plusieurs fois par jour.

Que pouvons-nous en déduire de cette vision ? Que celui que Jésus appelait « Le prince de ce monde » allait avoir ses pouvoirs renforcés et allait pouvoir tenter les hommes et les soumettre à lui ! Donc, qu'il était libre d'user de son pouvoir ordinaire comme bon lui semblait.

Je rappelle une chose évidente : Dieu permet à Satan de tenter les hommes non pour nous faire du mal, mais pour que nous lui prouvions que nous méritons notre place à ses côtés en combattant le mal. Je me répète, car c'est une notion importante qu'il est indispensable de comprendre. Il n'y a que dans le mal que le bien peut ressortir. Ainsi est fait l'homme. Il n'y a que dans la souffrance que l'homme devient bon. C'est sa nature. Nous devons donc gagner notre place à côté du Seigneur. La vie est notre épreuve pour que nous puissions la gagner. Et cette épreuve, c'est la tentation de Satan. Nous devons lui résister et continuer à croire en l'existence du Seigneur, surtout dans les moments de douleurs et de souffrances.

Dans cette vision prophétique, Dieu a donné plus de pouvoirs à Satan pour détruire l'Église, c'est-à-dire qu'il a accepté que Satan nous tente davantage. Et regardez notre monde aujourd'hui, plus de 100 ans après cette vision. Ce n'est pas un monde régi par le mal que nous avons ? Partout des guerres, de la famine, des maladies et des gens qui s'enrichissent au profit des pauvres qui se meurent. Des gens qui ne pensent qu'à eux. Tout notre système est régi par le mal, notre société est régie par le mal. Il est temps d'ouvrir les yeux. Nous n'avons qu'un seul ennemi et cet ennemi, qui montre plusieurs visages, n'est autre que Satan.

Ce que je viens de dire se voit dans la Bible, au livre de Job. Le Seigneur permet à Satan de mettre Job à l'épreuve, un homme profondément bon. Ce dernier ne perd pas la foi, bien au contraire. Et à la fin, Job est glorifié. Ce passage nous permet de comprendre la vision du pape Léon XIII : le Seigneur ne veut pas que l'Église soit détruite, mais il permet une épreuve, épreuve que l'Église elle-même n'a pas su remporter, puisqu'elle s'est pervertie.

Dans la mentalité moderne, la vie est prise comme une finalité ultime, au-delà du bien et du mal. Aujourd'hui, on ne croit plus en rien, sauf à un dieu qui ordonne de tuer ! Quelle aberration ! La lutte du bien contre le mal existe, mais c'est un combat spirituel qui doit se jouer chaque jour pour faire reculer le mal. C'est l'amour qui doit triompher, l'amour des uns et des autres. Et cela, Satan l'interdit.

Et l'Église n'a plus fait de Satan son combat. Grosse erreur. Erreur que nous payons aujourd'hui...

Jésus est venu sur Terre pour détruire les œuvres du Diable, pour libérer l'homme de la tyrannie de Satan et détruire le royaume de Satan. Mais, entre le premier avènement du Christ et la Parousie (le deuxième avènement triomphal du Christ, après l'Apocalypse, en tant que juge), le démon tente d'attirer le plus d'âme possible de son côté. Jésus a vaincu Satan par son sacrifice, mais aussi par son enseignement. Et vaincu par le Christ, Satan lutte contre les fidèles. Ce combat se poursuivra jusqu'au jour du Jugement Dernier.

Avant cela, Satan et tous les autres démons, ont le pouvoir de nous tenter, de nous faire du mal, physiquement et moralement, de nous plonger dans la désolation, la dépression et de nous posséder. Pour cela, ils disposent de pouvoirs surnaturels que nous connaissons.

Ce combat entre l'homme et le démon concerne tout le monde, tous les hommes, quels que soient l'âge et la nationalité. Même les enfants et surtout eux, car ils sont plus faibles que les adultes, peuvent être possédés ou même tentés.

Le pouvoir de Satan s'est fait sentir à plusieurs reprises au cours de l'histoire de l'humanité. Au moins du point de vue de la communauté et des péchés en masse. J'en ai déjà parlé plus haut, mais je souhaite donner un autre exemple avec la décadence de l'Empire romain, un empire si fort, si puissant que rien ne pouvait prévoir son ébranlement. À cette époque, les hommes se sont mis à pratiquer des orgies, à faire des choses horribles… bref, c'était une époque de débauche et de débâcle. Une déchéance morale qui a conduit, inévitablement, à la fin de l'Empire romain. La lettre de Saint-Paul aux Romains constitue un fidèle témoignage de ce que je viens d'énoncer.

Et aujourd'hui, nous en sommes réduits au même point, pour tout un tas de raisons, comme la mauvaise utilisation des médias, les publicitaires, les chefs d'État, les PDG des grandes firmes, les politiciens et j'en passe. Et Léon XIII, dans sa vision, a reçu la prémonition de cette attaque démoniaque spécifique.

Le démon a plusieurs moyens de s'opposer au Christ :

- Le premier moyen est la tentation. C'est le pouvoir ordinaire du démon et le moyen le plus utilisé pour pervertir les hommes.

- En exigeant pour lui-même un culte et en imitant les institutions chrétiennes. C'est ainsi que les sectes sataniques se multiplient de par le monde. Satan est donc antichrist et antiéglise. Satan possède aussi ses églises, son culte, ses adeptes, ses prêtres, ses disciples… Et tout comme le Christ confère des pouvoirs à ses disciples, Satan confère des pouvoirs aux siens, sauf qu'ils sont destructeurs. Dans ces hommes voués au démon, toutes les classes sociales, tous les âges, sont mêlés. Il y a des sataniques purs, des musiciens, des hommes politiques, des entrepreneurs, des ouvriers… et tout ce beau monde est manipulé par les illuminati. Car ce sont eux qui tirent les ficelles.

- En se servant de l'idolâtrie du sexe, qui dégrade le corps humain et en fait l'instrument du péché. Voyez comment la pornographie a envahi internet ! Voyez comme l'on trouve normal de faire l'acte sexuel avec un animal ! Ou plus subtil, comment le fait de changer souvent de partenaires au cours de sa vie est devenu normal voir même conseillé !

- En faisant croire que pratiquer la magie, les sciences occultes, le spiritisme… est anodin. Voyez comment il est facile d'acheter une planche Oui-Ja ! Voyez comment le spiritisme est banalisé et pratiqué par de jeunes adolescents qui prennent cela comme un jeu !

Là, j'aimerais faire une petite parenthèse. S'il est faux de nier l'existence de Satan, il est encore plus faux de croire en l'existence des fantômes, ces entités inventées par les spirites et autres amateurs de sciences ésotériques (ces derniers agissent au nom de Satan).

Lorsque l'on fait du spiritisme, à l'aide d'une planche Oui-Ja, par exemple, on appelle un défunt. Or, ce n'est jamais un défunt qui nous répond, mais un démon. Les âmes que l'on dit errantes n'existent pas. Il n'existe pas de bons esprits en dehors des anges ; et il n'y a pas de mauvais esprits en dehors des démons. Les défunts qui se manifestent lors de séances de spiritisme sont en réalité des démons, venus pour tourmenter celui ou ceux qui l'ont appelé. Et lorsque le médium entre en transe et qu'un défunt parle à travers sa bouche, en fait c'est un démon qui s'est emparé de son corps. Il est donc très dangereux de faire du spiritisme ou même d'avoir recours à un magicien ou un cartomancien ou autre personnage de ce genre. Ce sont tous des instruments de Satan (certains ne le savent même pas et disent œuvrer pour le bien !) qu'il vaut mieux éviter. Au risque de tomber dans le piège de Satan. Cela nous le verrons plus tard.

Après ce que je viens de vous dire, j'espère que vous ne vous étonnerez plus sur la capacité qu'ont les démons à tenter l'homme, voir posséder son corps (jamais son âme à moins que l'homme lui la livre délibérément), par le biais de la possession ou de la vexation.

En ce qui concerne le pouvoir extraordinaire, les démons ont tendance à attaquer l'homme sur cinq niveaux, à des degrés plus ou moins forts suivant la gravité de la cause :

- Au niveau de la santé : le Malin a le pouvoir de causer des troubles physiques et psychiques. Ces deux maux sont les plus courants et affectent, principalement, la tête et le ventre de la victime qui va souffrir sans qu'aucun médecin puisse la soulager. Ces deux maux sont les plus courants et affectent, principalement, la tête et le ventre de la victime qui va souffrir sans qu'aucun médecin puisse la soulager. Ces deux maux sont durables. Par contre, il y a d'autres maux qui sont passagers ou apparaissent seulement pendant l'exorcisme, comme des bubons, des ecchymoses, des élancements...

- Au niveau de la vie affective : le Malin peut susciter un état de nervosité, surtout à l'égard des personnes qui nous aiment le plus. Il brise les mariages, les couples, provoque les querelles (qui sont souvent accompagnées de hurlements) au sein de familles unies, et cela toujours pour des raisons futiles. Il a le pouvoir de détruire les amitiés et donne à la personne qui est touchée de n'être à sa place nulle part, de se sentir rejetée. Elle finit, alors, par s'éloigner des autres. C'est alors le vide affectif, sans amour, sans amitié. Et à chaque fois que l'on entame une relation, tout part en fumée sans aucune raison.

- Au niveau des affaires : impossibilité de trouver un emploi et de garder un emploi, pour des motifs absurdes ou inexistants. Les personnes qui trouvent un emploi l'abandonnent pour une raison futile, quittent cet emploi avec une légèreté que leurs proches qualifient d'inconsciente ou d'anormale.

- Au niveau du goût de vivre : l'isolement affectif, les troubles physiques et la faillite économique engendrent un pessimisme tel que l'on ne voie plus que les mauvais côtés de la vie ou de la dépression. Il s'ajoute alors une sorte d'inaptitude à l'optimisme avec une incapacité à espérer, à rêver, à se projeter dans l'avenir. La vie devient insupportable.

- Au niveau du désir de vivre : c'est l'objectif final du Malin, conduire au désespoir et au suicide. Après avoir plongé sa victime dans la dépression et le pessimisme, il lui fait comprendre que la vie ne vaut pas la peine d'être vécue et qu'elle serait plus heureuse dans la mort. Le fait de se placer sous la protection de l'Église, ne serait-ce que par une seule bénédiction, permet d'éliminer ce cinquième point. Le Seigneur a sauvé de nombreuses personnes du suicide.

4.2) Les victimes de Satan

Il y a les victimes de l'action ordinaire du démon qui consiste à les attirer vers le mal. C'est la tentation. On ne parlera pas de cette action néfaste du démon, car même si elle est considérable (bien plus que la possession ou la vexation), on s'attarde dans ce livre à l'action extraordinaire du démon, c'est-à-dire la possession démoniaque.

Cette action extraordinaire, car rare et puissante, peut revêtir cinq formes différentes que j'approfondirai au chapitre suivant :

- Les souffrances physiques externes.

- La possession diabolique.

- La vexation diabolique.

- L'obsession diabolique.

- Les infestations diaboliques.

Les victimes de Satan sont nombreuses et la plupart ne le savent même pas. Elles se croient malades au sens physique du terme.

Tonquédec (1868/1962), jésuite français et exorciste célèbre nous dit je cite : « Il y a un très grand nombre de malheureux qui, tout en ne présentant aucun signe de possession diabolique, ont recours au ministère de l'exorciste pour être délivrés de leurs souffrances : maladies rebelles, nuisances de toutes sortes... Les possédés sont rares, mais ces malheureux sont légion. »

Cette remarque est d'autant plus vraie de nos jours. À cela, il faut ajouter d'autres facteurs qui n'existaient pas à l'époque du jésuite (mais qui ont débuté, pour la plupart, dans les années 60 voir avant), facteurs qui ont entraîné une augmentation des victimes du Malin.

Premier facteur, et non des moindres, la société de surconsommation occidentale où la philosophie est celle du matérialisme et de l'hédoniste. Voyez où cela nous a menés : pollution, perte de la foi, importance donnée à l'argent primant sur la famille, primant sur les voisins... Aujourd'hui, tout est question d'argent et de pouvoir et c'est bien navrant. Tout s'achète, tout se vend, le sexe, le bien-être, la médecine... même les orphelins se vendent à des parents qui souhaitent par-dessus tout adopter !

Le deuxième facteur est le communisme et le socialisme, avec des idées marxistes. Le socialisme et l'athéisme. Tout cela a fait reculer la foi. Et là où il n'y a plus de foi, il n'y a plus de morale. Et quand la religion recule, la superstition avance. D'où le succès remporté, surtout chez les jeunes, par le spiritisme, la magie et l'occultisme. D'où aussi le nombre de personnes qui croient que cela n'est pas dangereux, qui en font régulièrement, qui prennent ça pour un jeu.

À cette superstition s'ajoutent d'autres doctrines — yoga, zen, méditation transcendantale — qui sont des pratiques fondées sur la réincarnation, sur la dissolution de l'être humain dans la divinité et surtout, qui sont très à la mode. Ces méthodes sont jugées inoffensives, mais engendrent des états d'hallucinations ou de schizophrénie.

Et enfin, s'ajoute à tous ces facteurs la prolifération inouïe des sectes sataniques.

J'aimerais revenir sur la magie et le spiritisme. À la télévision, sur internet, ces pratiques sont banalisées et même enseignées. On insinue même qu'elles sont tendances ! Une planche Oui-Ja peut même être vendue à distance, par correspondance ! Et il y en a même qui sont destinées à des enfants de moins de six ans !

Sur internet, on peut faire des séances de spiritismes et des séances de voyance ou des tirages de cartes !

On trouve des gourous à tous les coins de rue, et certains n'hésitent pas à décorer leur maison avec des statuettes africaines représentant des divinités vaudou, sans savoir que cela est très dangereux.

Toutes ces méthodes sont jugées inoffensives à la différence de l'exorcisme que l'on diabolise. C'est le monde à l'envers. Tout cela a engendré une généralisation du mal, même dans les petits villages. Les jeunes se regroupent dans les parcs pour faire du spiritisme ou le font à l'école.

Ce que je trouve navrant c'est que beaucoup d'hommes d'Église, qui ont normalement le devoir de lutter contre tout cela, se désintéressent du problème. Pire, certains envoient même les croyants chez des mages ou des rebouteurs...

À la question de savoir qui est la population la plus touchée par le démon, je répondrai les jeunes, car faute d'idéaux, de foi, ils sont les plus exposés à faire des expériences désastreuses. Et là, j'en reviens au spiritisme. Du fait que c'est tendance, à la mode, les jeunes n'hésitent pas à faire des séances de spiritisme au sein même du collège ou du lycée, pendant la récréation. Ils trouvent cela génial ! Ils se font quelques frayeurs, mais en redemandent. Et c'est là qu'ils s'exposent à des risques très graves.

Souvent, si la victime est d'âge mûr, la présence démoniaque en elle remonte à son enfance ou à son adolescence.

Quant à la question du sexe, il y a autant d'hommes que de femmes touchés par le démon. Simplement, les femmes sont plus enclines à recourir aux bénédictions que les hommes, car ces derniers ne veulent pas entendre parler d'un prêtre et beaucoup d'hommes refusent de changer de vie.

4.3) Les dons de Satan

Comme Jésus a donné le pouvoir de repousser Satan à ceux qui croient en lui, Satan donne aussi des pouvoirs à ceux qui lui sont dévoués. Parfois, en bon menteur qu'il est, certains destinataires de ces pouvoirs ne comprennent pas la provenance de ces dons ou tout simplement ne se posent pas la question de leur provenance. Ils sont trop heureux de les recevoir et de s'en servir.

Ces dons sont multiples et variés. Par exemple, une personne reçoit un don de voyance et se met à faire de l'écriture automatique croyant être le porte-parole de personnes décédées. Elle reçoit ainsi des messages qu'elle dit provenir de l'au-delà, d'un défunt. En fait, il s'agit de messages du Diable.

D'autres personnes ont l'impression de se dédoubler, de « faire un voyage astral » comme l'on appelle ce phénomène dans les milieux occultes et magiques, de faire voyager son âme hors de son corps et ainsi aller visiter des endroits même lointains. Là encore, le voyage astral n'existe pas. Ce n'est qu'une illusion du démon. Et pour lui une bonne occasion de vous posséder.

Satan peut aussi nous parler. Il arrive que certains l'entendent et, croyant qu'il s'agit d'un ami imaginaire, fassent ce que la voix qu'ils entendent lui ordonne de faire. Il n'est pas rare de voir des faits divers dans les journaux nous parler de personnes qui ont tué des gens parce que le diable leur avait dit le faire. Le cas le plus spectaculaire et le plus connu reste l'affaire d'Amityville : Ronald Defeo Junior tue tous les membres de sa famille (au total six personnes) dans la nuit du 13 novembre 1974. Pour sa défense, il dira avoir entendu le diable lui ordonner de tuer son père, sa mère, ses frères et ses sœurs. Il est vrai que l'on pourrait croire que cet homme est un psychotique, que son cas relève de la psychiatrie, mais le fait que les six membres de la famille aient été tués chacun dans leur lit respectif, par balle, avec un fusil de 35 mm, sans que personne ne soit réveillé par les bruits des coups de feu, sans qu'aucun voisin n'ait entendu les coups de feu... C'est troublant comme affaire. Ne peut-on pas y voir l'œuvre du démon ?

Prenons un autre exemple avec l'histoire de David Berkowitz, celui que les médias américains ont surnommé « le fils de Sam ». Cet homme, au premier abord, n'a rien d'un tueur. C'est quelqu'un qui vit une existence normale. Pourtant, il sera accusé d'avoir tué au moins 7 personnes et d'en avoir blessé au moins autant.

L'histoire se passe dans les années 70, à New York. David Berkowitz, un jour, sans explications, se met à tirer au hasard, dans les rues. Les fusillades sont nombreuses et se déroulent sur plusieurs mois avant que la police arrête le tueur en série. L'affaire de ce tireur fou a fait trembler tous les New-Yorkais. C'est la panique à bord. Les médias s'emparent de l'affaire et un vent de terreur règne sur la ville. Les enquêteurs sont sur le qui-vive. Qui est ce tireur fou qui envoie des lettres aux journalistes et qui se fait appeler le Fils de Sam ? Il sera finalement arrêté quelques années après la première tuerie.

Lors de son procès, ultra-médiatisé, David Berkowitz dira entendre une voix démoniaque lui ordonnant de tuer des gens au hasard, de tirer avec son arme au hasard des rues. Bien sûr, il ne sera pas acquitté et purge sa peine dans une prison des États-Unis, où il s'est repenti et tourné vers la religion.

Là encore, on ne sait pas ce qui l'a poussé à l'acte. D'après le tueur, c'est un démon. D'après les psychiatres, il s'agit d'une aliénation mentale. Encore une fois, le mystère reste entier, mais avouez que c'est une histoire troublante. Cela montre bien comment Satan peut diriger nos actes si nous ne sommes pas assez forts pour le combattre, si nous n'avons pas les moyens spirituels pour le combattre.

Les faits divers regorgent d'histoire de personnes ayant commis des meurtres (parfois même une véritable barbarie) sous l'emprise d'une voix démoniaque. Et même en France, des affaires comme celles-ci ont eu lieu. La plupart ont donné lieu à un procès où l'aliénation mentale a été clamée par la défense. Mais s'agit-il vraiment d'aliénation mentale ? De schizophrénie ? Ou d'une véritable possession démoniaque ?

La question se pose de la provenance de ces dons particuliers. Viennent-ils de Dieu ? De Satan ? Sont-ils des charismes ? Ou simplement des phénomènes métaphysiques ?

La vérité est très difficile à extraire. Lorsque l'on a affaire à des phénomènes de ce genre, il faut les replacer dans leur contexte, il faut prendre en considération la vie, le caractère, le passé... de l'individu qui possède un don. Et c'est là que tout se complique, car l'enquête menée doit être minutieuse.

Je m'explique. Il arrive que des personnes reçoivent un don de voyance par Dieu, afin que cette personne puisse mettre ce don au service des autres. La personne en question ne cherchera jamais à tirer profit de ce don reçu, car elle sera intimement convaincue de son devoir de se mettre au service des autres. Au contraire de la personne qui demande de l'argent en échange d'une consultation médiumnique. La personne qui demande de l'argent ne peut avoir reçu son don que du démon et cela est d'autant plus vrai si la personne en fait son métier et demande des sommes faramineuses en échange d'un pseudo-réconfort.

Il existe de petites choses qui permettent de reconnaître une personne qui est frappée par un esprit maléfique. Cette personne fait preuve d'une sensibilité particulière, qui lui permet de sentir si un individu est mauvais ou bon, elle arrive à prédire l'avenir proche, elle a une tendance à vouloir imposer les mains sur des individus psychologiquement fragiles qu'elle croise. Ces personnes frappées par le démon disent avoir parfois l'impression de pouvoir influer sur l'existence des gens, en souhaitant le mal. Elles font toujours preuve d'une grande méchanceté.

4.4) Le maléfice

Je ne reviendrai pas sur le sujet de l'augmentation du recours à la magie, à la sorcellerie, au spiritisme, à l'occulte. Les gens qui pratiquent ce genre de choses sont des disciples de Satan et le servent. De plus, ils leur arrivent même de recruter des personnes pour Satan. Cependant, certains n'ont même pas conscience de servir Satan.

Prenons une dame bien sous tout rapport, qui voudrait étudier la tarologie et qui s'achète un livre. En premier lieu, pour s'exercer, elle se tirera les cartes. Elle devient donc, innocemment, sans en être consciente, un disciple de Satan. Par la suite, elle tirera les cartes pour ses amies. Et voilà comment elle recrute des victimes pour Satan.

De nos jours, on trouve des magiciens et des sorciers à tous les coins de rue. Certains vont même à l'église, ont leurs maisons ou leurs bureaux tapissés d'objets saints et disent faire de la magie blanche. Dans le langage courant, la magie blanche consiste à rompre les charmes et la magie noire à les jeter. Il n'existe pas de magie blanche ou de magie noire, car toutes les magies font appel au démon. Et faire appel à ce genre de personne si l'on souffre ou pas d'un maléfice, c'est avoir la certitude de souffrir d'un maléfice après cette visite.

Il faut savoir aussi que l'exorciste doit fournir souvent beaucoup d'efforts pour anéantir l'œuvre néfaste d'un sorcier que pour soigner l'œuvre initiale.

Avant de détailler ce chapitre, j'aimerais clarifier certaines choses, notamment concernant la définition du mot maléfice qui est souvent utilisé à tort et à travers. Donc, quelques petites précisions s'imposent.

Le maléfice est un phénomène par lequel une personne innocente peut être envahie par le démon. C'est le cas le plus courant. Le maléfice est un terme générique qui désigne le fait de nuire à autrui par l'intermédiaire du démon. Mais cette définition ne précise pas comment est provoqué le mal, si c'est par sorcellerie, par sort... Il y a plusieurs façons d'accomplir un maléfice :

- La magie noire,

- les malédictions,

- le mauvais œil,

- les sorts.

- le vaudou

Ce sont des formes différentes, mais pas complètement distinctes, car les interférences entre elles sont nombreuses.

Le maléfice peut revêtir différentes formes en fonction de son objectif :

- Le maléfice de division, pour séparer les couples, les amis, les familles... Peut avoir des conséquences terribles, comme des enfants qui se fâchent avec leur père, des disputes à répétition, des fratries qui ne se voient plus, des jalousies, des mères éloignées de leurs enfants...

- Le maléfice d'amour pour unir deux personnes par le mariage et souvent le mariage en question est un échec.

- Le maléfice centré sur la maladie, pour faire en sorte que la victime soit toujours malade.

• Le maléfice de mort. Ce maléfice vise la destruction. C'est le plus dangereux.

Souvent, la vexation diabolique et la possession démoniaque sont liées à des maléfices d'une certaine gravité. Parfois, il suffit de prier avec foi pour s'en débarrasser, mais parfois, il faut un exorcisme.

La Règle numéro 8 du Rituel veut qu'en cas de maléfice, la victime s'adresse uniquement à un prêtre, et non à des magiciens, des sorciers... La victime ne doit avoir aucune intercession avec la superstition. On s'imagine bien pourquoi cette règle a été énoncée. Mais comme les prêtres-exorcistes sont peu nombreux, il est plus facile de s'adresser à un magicien ou à un sorcier, qui ne fera qu'aggraver le problème au lieu de le résoudre.

La règle numéro 20 du Rituel est de demander au démon quelle est la cause de sa présence et cela est d'autant plus important s'il s'agit d'un maléfice, car, si le maléfice est dû à l'absorption d'une boisson ou d'un aliment, l'exorciste doit ordonner à la victime de les vomir. De même, si le maléfice est dû à un objet maléfique et que celui-ci est caché, l'exorciste doit se faire préciser le lieu et chercher cet objet afin de le brûler dans un rituel précis.

Maintenant, il ne faut pas croire naïvement aux maléfices. Ces cas restent comme même très rares et la plupart du temps, sont dus à des causes psychiques, des suggestions, des peurs. Et souvent, même si un sort est jeté, il ne se réalise pas parce que Dieu ne le permet pas, surtout si la victime est pieuse.

4.4.1) La magie et les rites à Satan

La magie noire, la sorcellerie ainsi que les rites pratiqués en l'honneur de Satan lors des messes noires sont regroupés entre eux en raison de leur analogie. Ils ont pour caractéristique commune de jeter un maléfice sur une personne par l'intermédiaire de formules magiques, d'incantations, de rites complexes, d'invocations aux démons. Celui qui se consacre à de telles pratiques devient le serviteur de Satan. Son serviteur et son esclave.

Je n'ai pas besoin de vous rappeler que ces pratiques sont formellement interdites par les Saintes Écritures. Car on les considère comme un reniement à Dieu en faveur du démon.

Le recours à des magiciens, même celui qui dissimule son action sous l'appellation équivoque de magie blanche, ne fait que dissimuler le premier maléfice par un deuxième maléfice, ne fait que contrer le premier maléfice en jetant un deuxième maléfice. Ainsi, le magicien supprime le premier mal en le remplaçant par un second mal et finalement ne fait qu'aggraver le mal.

La magie est un sujet vaste, traité dans de nombreux livres qui sont faciles à se procurer sur des sites de vente en ligne. Il est très facile, pour quelqu'un qui n'a jamais pratiqué de magie, de s'initier aux rites. La magie concerne toutes les régions du monde, toutes les populations. Elle est pratiquée depuis l'aube des temps.

Aujourd'hui, elle perd son caractère sacré ou réservé, car elle est facilement disponible et donc, il est très facile de tomber dans ses pièges. Beaucoup, d'ailleurs, sous-estiment les dangers de la magie, car la magie sert Satan et donc défie Dieu.

La Bible contient de nombreuses critiques à l'égard de la magie et des magiciens, car, d'un point de vue ecclésiastique, la magie est l'un des moyens utilisés par Satan pour capturer et abrutir l'homme. Le second moyen est la superstition et le dernier moyen est tout ce qui est de donner un culte, de façon directe ou indirecte, à Satan.

Certains sorciers se considèrent comme les maîtres du bien et du mal. Les spirites déploient tous leurs efforts pour invoquer les esprits, mais ils se livrent, et cela même sans s'en apercevoir, à des forces démoniaques.

L'homme est toujours en quête de vérité, de bonheur, de richesse, d'amour, de plaisir, d'admiration pour soi et pour autrui… Et c'est ainsi que beaucoup de gens, vieux, jeunes, hommes, femmes, ouvriers, chefs d'entreprise, politiques… en quête de vérité, en quête de richesse, en quête de bien-être, en quête d'amour… s'adressent à des magiciens, à des devins, à des astrologues, à des pranothérapeutes (magnétiseurs), des voyants… Certains d'entre eux sont bouleversés par cette expérience, d'autres en deviennent prisonniers et d'autres encore pénètrent dans le cercle très fermé des sectes.

Beaucoup de personnes pensent que ces formes de magie sont des superstitions, des curiosités, des mensonges ou encore des fraudes. Car, il ne faut pas le nier, ces activités rapportent beaucoup d'argent à ceux qui les font et ruinent ceux qui les utilisent.

La magie n'est pas une fausse croyance ou quelque chose de léger, dépourvu de tout fondement, mais c'est un moyen de recourir aux forces obscures pour diriger des évènements ou influer sur la vie d'autres personnes, toujours, bien sûr, à son propre avantage.

Il existe deux sortes de magie :

*   La magie imitative

Cette magie se fond sur le critère de la ressemblance dans la forme, le procédé et le principe que tout semblable appelle son semblable. La personne désignée sera représentée par un pantin dans lequel, après avoir prononcé des incantations, des épingles seront enfoncées pour provoquer des maux physiques chez la victime.

*   La magie contagieuse

Cette magie repose sur le principe du contact physique ou de la contagion. Le magicien, pour exercer son action, doit posséder quelque chose appartenant à la victime, comme des cheveux, des ongles, des vêtements ou encore une photographie.

Au moyen de rituels et de formules, le magicien invoquera, à un moment précis de l'année ou de la journée, des esprits afin de rendre son œuvre efficace.

Par exemple, les sorciers du Cap Vert possèdent un rituel d'initiation à la magie noire capable d'invoquer Satan. Ce dernier, lors du rite, apparaît dans un miroir et confie au sorcier des pouvoirs. Ces pouvoirs sont destructeurs, maudits et sont capables de frapper les hommes. Le sorcier pourra devenir voyant, rebouteur, guérisseur, aura le pouvoir de dédoublement... selon ce qu'il aura demandé. En retour, le démon demandera des sacrifices, car rien n'est gratuit.

Ensuite, avec ces pouvoirs, le sorcier fera un rite de magie contagieuse et pourra déclencher chez sa victime une terrible aversion à l'égard de tout ce qui est sacré ainsi que d'autres maux plus ou moins graves.

Ces choses-là existent et sont même courantes dans certaines régions du monde.

Il faut savoir que celui qui a demandé le travail au sorcier devra aussi s'acquitter d'un sacrifice, devra présenter une offrande, même très modeste, après que les choses auront été accomplies. Par exemple, il devra faire le tour de sept églises, allumer des bougies, jeter des poudres… et bien sûr, payer le magicien. Les sommes demandées peuvent être très grandes. Alors, des liens se créent entre le magicien et celui qui a demandé son service et donc entre ce dernier et Satan. En effet, celui qui a demandé un travail à un magicien devient obligatoirement l'esclave de Satan.

Parfois, des mères de famille emmènent leurs enfants, en toute bonne foi, chez un magicien ou un sorcier pour tel ou tel problème. Par exemple, si l'enfant a un problème de santé récurrent, s'il souffre d'asthme, s'il souffre d'un problème d'attention… la mère, après n'avoir trouvé aucune aide auprès des médecins, va le ramener chez un sorcier. Ce dernier lui donnera soit une potion, soit un objet qui protègera l'enfant. Or, l'objet est maléfique, donc, la mère de famille rapporte chez elle un objet maléfique qui va polluer toute sa maison et va faire empirer la maladie de son enfant et bien plus encore. Et quant à la potion, si l'enfant la boit, il ingurgitera une boisson maléfique qui va le rendre encore plus malade. Et voilà comment tomber dans le piège tendu par Satan.

Les opérations de la soi-disant haute-magie appartiennent aux catégories suivantes : sacralisation, consécration, bénédiction, destitution, excommunication et maléfiction. Ces opérations ont pour but de transformer des objets ou des personnes en symboles sacrés aux yeux de Satan. Selon le magicien, ces objets renferment une force céleste. C'est faux. Ces objets renferment une force maléfique et non céleste.

Je voudrais vous parler des talismans, car ces objets sont à part des autres. Vous savez, ces talismans qui sont surtout recherchés par les personnes désemparées, qui pensent être victimes d'un mauvais sort, qui pensent être malchanceux, qui pensent qu'ils ont raté leur vie… Ces talismans représentent, la plupart du temps, une divinité (un dragon chinois, un aigle, un serpent, Isis…). Les personnes, qui ont reçu, la plupart du temps, un talisman d'un sorcier, pensent qu'elles vont être protégées de la malchance. Or, les talismans sont chargés d'énergie négative et vont agir sur le porteur comme un vide énergétique. Ces talismans vont non seulement nuire à leurs acquéreurs, mais aussi à leurs familles. Pour préparer ces objets ou ces talismans, les sorciers ont recours à l'encens, qui, dans la magie, est offert à Satan, par opposition très nette à l'encens offert à Dieu dans le culte liturgique. Alors un conseil : si vous voulez vous protéger du mal, portez, à votre cou ou sur vous, des médailles de saints, de la Vierge-Marie, de Jésus ou des anges.

Dans le cas des philtres ou des mixtures destinés à être incorporés dans la nourriture ou dans des boissons, ils peuvent provoquer, chez celui qui les absorbe, la suggestion ou la vexation diabolique. Non seulement la victime ingurgite quelque chose de vraiment pas bon, mais en plus, elle avale en elle les esprits maléfiques invoqués lors du rituel de préparation du filtre ou de la mixture. Par exemple, le philtre d'amour fait partie de cette catégorie. La personne qui l'ingurgite sera liée à celui qui le lui a fait boire. Elle sera alors contrainte de l'aimer même si elle ne le veut pas. Ce sont les puissances démoniaques qui agissent en elle et la contraignent. On désigne ce cas par le terme ligature.

Les plus grands magiciens ou sorciers sont vaudous. C'est une magie très dangereuse, qui fait appel aux forces du mal. J'en consacre un chapitre entier dans ce livre tant il y a des choses à dire concernant le Vaudou.

La magie est partout autour de nous, car elle est entrée dans les mœurs, elle a fusionné avec des croyances, des coutumes. Aujourd'hui, même des personnes très ferventes s'adressent à des gourous, à des magiciens, pour se faire dire l'avenir, pour rechercher un travail, pour guérir d'une maladie... Et pourtant, ces mêmes personnes se rendent à l'église chaque dimanche, vont communier, essaient d'avoir une vie paisible. Elles ne se rendent même pas compte qu'elles servent Satan.

Reprenons l'exemple de la mère de bonne foi, la même qui apprend à ses enfants des rites visant à éloigner le mauvais œil le jour de Noël ou qui accrochent autour du cou de ses enfants des chaînettes avec des crucifix et des dents de loup côte à côte. Ces derniers, même s'ils ne sont pas chargés par des rites magiques, entretiennent un lien avec le démon par le péché de la superstition.

La magie est aussi associée à l'art divinatoire. Regardez autour de vous le nombre de personnes qui vont se faire tirer les cartes ou qui consultent un astrologue ou un voyant pour connaître leur avenir. Toutes ces pratiques sont fondées sur la doctrine ésotérique qui met en relation l'homme et le divin. L'astrologie s'est tellement banalisée qu'on la retrouve dans presque tous les journaux et que les radios la livrent dès le matin. Et la personne naïve devient dépendante de sa voyante, de sa tireuse de cartes ou de son astrologue. Ce sentiment peut faire naître en elle la peur, la colère ou l'incertitude. Et elle sera tentée de recourir à la magie ou de se procurer des talismans capables de neutraliser ces sentiments qu'elle a elle-même créés. Et qui est d'ailleurs la source de sa maladie ou de son mal-être ou de sa malchance. C'est le serpent qui se mord la queue.

On peut aussi frapper une communauté entière par la magie et pour vérifier ce fait, il n'y a qu'à ouvrir ses manuels d'histoire. Penchons-nous un moment sur Karl Marx, Hitler ou encore Staline. Ces personnages ont commis des atrocités, des horreurs et toutes les monstruosités commises par ces trois personnages avaient atteint un tel degré de perfidie que l'on peut les qualifier de diaboliques. Le démon peut se servir d'un homme pour frapper des groupes, pour les dominer.

Prenons un autre exemple : certaines musiques ou certains chanteurs provoquent, lors des concerts ou lors d'une écoute prolongée, de tels états de frénésie extrême ou d'une volonté de destruction tellement forte que cela ne peut venir que du démon. D'ailleurs, il est plus facile de frapper une foule qu'un seul individu. Et cela se vérifie tous les jours.

Donc, il est évident que le démon peut frapper un groupe entier. Et qu'il existe presque toujours, dans ces cas, un consensus entre Satan et les hommes ayant commis la faute de vouloir s'associer à l'œuvre satanique par intérêt, par vice, par ambition. Voyez la légende du Club des 27, vous comprendrez ce que je veux dire.

L'influence du démon exercée sur un groupe de personnes, sur une communauté, est l'une des plus dangereuses, des plus destructrices et des plus marquantes.

4.4.2) Les malédictions

Les malédictions sont des paroles par lesquelles on souhaite du mal à autrui, et ce mal a pour origine le démon. Ces paroles, lorsqu'elles sont imprégnées d'une véritable perfidie et qu'il existe un lien de sang entre le médisant et le maudit, peuvent entraîner de graves conséquences.

Les cas les plus fréquents de possession ou de vexation démoniaque proviennent de malédictions adressées par des parents ou grands-parents à leurs enfants ou à leurs petits-enfants, surtout si ces malédictions portent sur la vie de ces derniers ou si elles sont faites à l'occasion d'évènements particuliers, comme le mariage ou une naissance.

Par exemple, une mère qui ne veut pas que son fils prenne pour épouse une jeune femme qu'elle a prise en grippe peut proférer, lors du mariage, une malédiction et ainsi maudire son fils ou sa bru. Peut-être n'aura-t-elle pas conscience de son acte, mais ces mots proférés avec haine et rage peuvent avoir de graves conséquences. Car implicitement, elle demande au démon d'agir pour elle afin d'écarter sa bru. Il s'en suivra une rupture, une maladie... surtout si le couple n'est pas croyant et non protégé par les prières.

4.4.3) Le mauvais œil

J'ai souvent entendu dire : « J'ai le mauvais œil sur moi » par des personnes qui se croient poursuivies par la malchance. En disant cela, elles pensent qu'elles sont victimes de la malchance et emploient donc mal l'expression.

En fait, le mauvais œil est un vrai maléfice. Le mauvais œil suppose l'intention de nuire à une personne donnée par l'intermédiaire du démon. Le moyen spécifique utilisé pour mener à bien cette action est le regard. Ces cas restent tout de même très rares.

Mais lorsque cela est le cas, il est très difficile d'identifier l'auteur du maléfice. L'important est que la victime ne se mette pas à soupçonner tous ses proches, mais qu'elle pardonne et prie pour l'auteur du maléfice.

4.4.4) Le sort

C'est le moyen le plus utilisé.

Le sort est l'action de faire ou de confectionner un objet à l'aide de matériaux étranges et variés dans le but d'engendrer un maléfice sur une personne donnée. L'objet revêt alors une valeur symbolique. Le sort est un signe tangible de la volonté de nuire et un moyen offert à Satan pour qu'il y grave sa force maléfique.

Satan est un mauvais imitateur de Dieu et demande des sacramentaux dans le but d'imiter Dieu. Dans le cas du sort, le matériau est utilisé de la même manière que lors d'un sacramental, mais à des fins maléfiques.

Il existe deux façons distinctes de jeter un sort :

-      La façon directe

Dans ce cas, la personne qui veut jeter le sort prépare à l'intention de sa victime une boisson ou un plat auquel elle ajoute, dans la préparation, l'objet du sort. L'objet peut être du sang menstruel, des os de mort, des poudres brûlées, des organes d'animaux (essentiellement le cœur), des herbes spéciales...

L'effet maléfique ne dépend pas du matériel utilisé, mais de la volonté de nuire de la personne qui le prépare. Ce sont les formules occultes prononcées lors de la préparation de la mixture qui va déterminer la force du sort.

La victime, en ingurgitant cette mixture, va souffrir de maux de ventre atroces. Ces maux d'estomac sont bien connus des exorcistes et se soignent uniquement par l'exorcisme durant lequel la victime va vomir, à plusieurs reprises, des excréments ou des bouillies blanchâtres. C'est le mal qui s'évacue.

Il est recommandé à la victime de boire de l'eau bénite ainsi que d'avaler de l'huile et du sel exorcisés afin de faciliter la délivrance.

-      La façon indirecte

La façon indirecte est le fait de jeter un maléfice sur des objets appartenant à la victime (photos, cheveux, vêtements...) sur une figurine la représentant (un pantin, une poupée...).

C'est un matériau de transfert que l'on va frapper de différents maux afin que la victime ressente ces maux. Par exemple, prenons le cas d'une poupée vaudou à qui le sorcier va enfoncer des épingles dans la tête. La victime souffrira alors de maux de tête.

Le sorcier ou le magicien peut aussi enfoncer des clous, des aiguilles, des couteaux dans toutes les parties du corps. La victime souffrira alors de douleurs lancinantes à des endroits précis.

Dans ces cas-là, la victime, lors de l'exorcisme, peut rejeter des clous, des couteaux... ou des objets insolites, des fils de fer entortillés, des fils de coton colorés... par la bouche. À noter que ces objets ne créent jamais de dégâts lors de l'expulsion, même s'il s'agit de morceaux de verre. La bouche n'est pas entaillée, de même que l'œsophage ou la langue. Ces mêmes objets peuvent se matérialiser à côté de la victime. En effet, il arrive que certains objets soient expulsés mystérieusement. La victime peut souffrir d'un mal abominable à l'estomac, comme si elle avait un caillou en elle, puis être spontanément soulagée sans avoir expulsé quelque chose de visible. Or l'objet se matérialise spontanément à côté d'elle.

L'existence des sorts est souvent attestée par la présence, dans la literie d'objets étranges, comme des rubans colorés et noués, de la laine tressée, des mèches de cheveux, des caillots de sang, des poupées couvertes de blessures... découverts dans l'oreiller.

Parfois, ces objets sont invisibles et n'apparaissent qu'après aspersion d'eau exorcisée.

Tous ces objets doivent être bénis avec de l'eau bénite. La victime peut le faire elle-même et il est même conseillé qu'elle le fasse. Ensuite, il faut les brûler à l'air libre et jeter les cendres, ainsi que tout ce qui n'a pas brûlé (comme le fer par exemple), dans de l'eau courante (égouts, rivières...) et non dans les toilettes.

Il y a aussi les objets étranges cachés dans des oreillers ou des matelas. Ces derniers peuvent être découverts par des médiums mettant leur don au service du bien. Là aussi, il faut brûler les oreillers ou le matelas à l'extérieur et jeter les cendres dans de l'eau courante.

Il ne faut jamais agir à la légère avec des objets soumis à un maléfice. Il faut prendre toutes les précautions qui s'imposent au risque de s'exposer à de graves ennuis. D'abord, la victime ne pourra être libérée du maléfice et l'exorciste pourra subir divers maux. Il est important de se laver les mains avec de l'eau bénite lorsque l'on touche un objet maléfique, de faire des bénédictions puis des prières sans discontinuité en le brûlant, puis de jeter les cendres dans de l'eau courante.

Il y a des cas où de nombreuses années se sont écoulées entre la découverte de l'objet maléfique et l'accomplissement du maléfice. Dans ces cas-là, la destruction de l'objet n'entraînera pas de soulagement chez la victime. Seul l'exorcisme pourra l'aider. Dans d'autres cas, si le maléfice est récent, le fait de brûler l'objet entraînera l'interruption du maléfice.

Parfois, le sorcier, pour jeter un sort, enterre des animaux vivants. Souvent, ce sont des crapauds. Dans ces cas, le maléfice peut être interrompu si l'on découvre l'animal vivant.

Il arrive aussi que des nœuds inextricables se forment dans les cheveux des enfants et des femmes.

4.5) Le Vaudou

La pire des magies est d'origine africaine, car elle mêle d'une part la sorcellerie et d'autre part le spiritisme. L'un étant l'art de faire mal aux autres par l'intermédiaire de voies magiques et l'autre est l'art de communiquer avec les esprits.

Cette magie est très puissante et dangereuse.

Le vaudou est une religion d'origine africaine qui a longtemps été réprimée et diabolisée à cause de ses clichés et de ses fantasmes véhiculés par différentes mythologies. Ainsi, lorsqu'on dit s'inspirer du vaudou, on retrouve souvent le satanisme, le cannibalisme, la sorcellerie, l'envoûtement, la destruction… Et l'objet représentant le mieux la perception vaudou est la poupée vaudou, l'instrument magique de la torture par excellence. Cependant, je n'ai pas voulu m'arrêter à ces clichés. J'ai voulu en savoir plus sur cette religion afin de mieux la comprendre, non pas pour l'utiliser, mais pour la combattre lorsque cela s'avère utile.

Ici, je ne vous dirai pas comment pratiquer le Vaudou. Simplement, je ferai le tour de cette religion entourée d'un halo surnaturel et néfaste.

Le Vaudou est souvent utilisé pour jeter des sorts, des malédictions, pour envoûter et c'est ainsi qu'on le connaît le mieux.

Succinctement, le Vaudou est une sorte de magie où les rituels sont variés. Les marabouts, les sorciers… s'en servent pour guérir, pour invoquer des divinités, pour faire revenir l'être aimé, pour envoûter une personne à qui l'on veut du mal…

Les rituels sont nombreux et utilisent des incantations, des objets, comme la poupée, des produits divers, dont certaines drogues dangereuses, comme l'iboga et l'iboga noir.

Par exemple, dans la légende des zombis haïtiens, beaucoup d'hommes sont drogués par un sorcier vaudou. Cette drogue donnée par les sorciers annihile toutes les fonctions de réflexion des victimes et les réduit en esclavage. Ce fut le cas de Clairvius Narcisse, un pauvre homme qui a été réduit en esclave suite à un différend familial. Cet homme a été forcé d'ingurgiter une drogue pendant de longues années durant lesquelles il travaillait dans les champs de cannes à sucre. Il était vraiment devenu un zombi et obéissait sans pouvoir échapper à ses bourreaux. Puis, un jour, on oublia de lui donner cette drogue et Clairvius se réveilla. Il se sauva et alla trouver sa sœur qui le croyait mort depuis plus de dix ans. Il trouva même sa tombe. Ceci montre bien que le sorcier vaudou connaît les plantes, les animaux et toutes les substances que la nature peut lui offrir pour soulager une personne ou lui faire subir des maux divers.

Le vaudou est souvent basé sur l'injection de drogue pour entrer dans une sorte de transe ou pour forcer l'autre à faire ce que l'on a envie qu'il fasse.

Le vaudou est aussi basé sur la suggestion et l'autosuggestion. En effet, plus on y croit, plus on y est sensible et plus on peut se croire maudit ou envoûté. Et dans ce domaine, les sorciers sont très forts. La force de persuasion. C'est là où cela devient dangereux, en plus de l'ingestion de drogues qui est bien sûr néfaste pour la santé.

Dans l'histoire de « Rose Hall Greathouse », une demeure prétendue hantée par une sorcière, je décris, dans un article de mon blogue, le personnage de Rose Palmer, une femme qui pratiquait le Vaudou. La légende raconte qu'elle avait invoqué le Baron Samedi, un démon, et qu'elle en avait perdu la vie. Les histoires comme celles-ci sont nombreuses et souvent horribles. Il ne faut pas pratiquer le Vaudou et de toute façon, la magie, la sorcellerie, les invocations à des démons… que l'on y croie ou pas, n'ont jamais rien apporté de bon.

Le Vaudou est une religion typiquement africaine. Plus précisément, le Vaudou est originaire de l'ancien royaume du Dahomey et est toujours largement répandu au Bénin et au Togo, comme dans le célèbre marché des féticheurs à Lomé. Cette religion est l'affirmation claire et sans équivoque d'une source de puissance surnaturelle que les hommes veulent concilier ou s'approprier les vertus à travers des rites et des incantations. C'est toute une philosophie fondée sur la danse rituelle, l'invocation des rituels par un marabout-sorcier très respecté dans les villages. Le sorcier est craint, car l'on croit qu'il peut ouvrir un passage entre l'univers des vivants et l'univers des morts et du surnaturel.

Le vaudou dans sa forme actuelle est le résultat d'un mélange subtil du catholicisme et de la religion vaudou originelle.

À l'origine, le vaudou servait à guérir les villageois par des incantations et des potions qui étaient faites à base de plantes. Et l'on sait, aujourd'hui, que certaines plantes renferment des substances médicinales qui peuvent effectivement guérir. Malheureusement, le Vaudou a été détourné pour devenir ce qu'il est aujourd'hui, c'est-à-dire des rites de magie funestes.

Avec la déportation des esclaves dans le XVe siècle, le Vaudou s'est répandu à Cuba, au Brésil et même aux États-Unis. Aujourd'hui, l'on trouve des pratiquants du Vaudou à travers le monde entier, surtout dans les îles. Les rites se sont diversifiés au rythme des croyances locales. Par exemple, dans certains pays du Nord-Africain, le Vaudou s'est mélangé à l'islam. Ainsi, à travers des chants et des danses, les marabouts se soumettent à l'invocation du prophète de l'islam.

Le Vaudou s'appelle voodoo à La Nouvelle-Orléans, ou Santéria, Lukumi, Regla de Ocha à Cuba, ou encore Condomblé ou Umbanda au Brésil et Vaudou en Haïti. Le Vaudou est aussi très présent aux États-Unis, surtout en Louisiane. Il s'est aussi répandu en Afrique du Nord, où on le retrouve sous différentes formes, dont la plus connue est le Gnawa au Maroc et en Algérie.

Le culte vaudou compte environ 50 millions d'adeptes. De nombreuses communautés existent dans le monde entier. Elles sont majoritairement sur le continent américain et aux Antilles. Il en existe en Europe. Elles sont plus discrètes, mais restent néanmoins actives. En Europe, par exemple, il y a les communautés du Hounfor Bonzafè, du Lakou sans Lune ou encore du Hounfor Konblanmen.

Donc, il ne faudrait pas parler d'un seul et unique Vaudou, mais de plusieurs, car chaque marabout possède ses propres rituels.

Dans sa forme primaire et actuelle, le Vaudou est diabolisé par la religion catholique. Et cela pour une raison toute simple : les rites vaudous font appel aux forces surnaturelles et aux esprits et le sorcier demande à être possédé par eux. Or cela va contre les préceptes du catholicisme. De même, dans le catholicisme il n'existe aucun rite pour communiquer avec l'esprit des morts ou les forces obscures. Cela est interdit. Or, le marabout le fait. Et l'on sait, maintenant, que cette pratique est très dangereuse.

Cette diabolisation du Vaudou se ressent au cinéma où il est jumelé au satanisme, au cannibalisme, aux malédictions, à la possession diabolique.

Le Vaudou est aussi très connu à cause de la poupée vaudou. Cette poupée est censée être une poupée incarnant la personne que l'on veut envoûter.

Ainsi, la poupée est fabriquée avec la morphologie et la physionomie de la personne à qui l'on souhaite jeter une malédiction ou toutes autres choses d'ailleurs. Souvent, elle sert à faire le mal. Ces poupées sont créées dans le but d'avoir le pouvoir sur une personne bien déterminée, le tout à distance.

Les poupées vaudou ne servent pas toujours à faire de la sorcellerie maléfique, elles peuvent aussi être utilisées pour une bonne cause telle que la guérison d'une personne. La poupée est donc un support « magique ». Et qui dit magie, dans le bon comme dans le mauvais sens, dit le démon. Donc, même si les intentions sont bonnes, la manière de s'y prendre ne l'est pas.

Les histoires concernant des envoûtements ou des malédictions lancées grâce aux poupées vaudou sont nombreuses. On peut juste se poser la question si cela fonctionne, car avec une poupée vaudou on peut jeter des sorts concernant de nombreux domaines, l'amour, l'argent, le bonheur, le malheur... Beaucoup disent qu'il ne faut pas sous-estimer les puissances surnaturelles. J'ai vu des cas où cela a fonctionné, dans le mal comme dans le bien. Autosuggestion ? Hypnose ? Je ne sais pas, en tout cas, il faut s'en méfier.

Il est difficile d'établir une liste des divinités invoquées lors d'un rituel vaudou, car elles sont multiples et comme le culte vaudou n'est pas unique, il existe des divinités pour chaque culte, comme des temples où on les prie. De plus, le système reste ouvert, et des personnages historiques peuvent intégrer la liste des divinités sacrées du Vaudou. Ce fut le cas pour Dessalines.

À l'origine, le Vaudou est né de la rencontre des cultes traditionnels des dieux yoruba et des divinités Fon et Ewe, lors de la création puis l'expansion du royaume Fon d'Abomey aux XVIIe et XVIIIe siècles. Le Vaudou, prononcé vodoun, est l'adaptation par le Fon d'un mot Yoruba signifiant « dieu ». Le Vaudou désigne donc l'ensemble des dieux ou des forces invisibles dont les hommes essaient de concilier la puissance ou la bienveillance. Il est l'affirmation d'un monde surnaturel et l'ensemble des procédures permettant d'y accéder. D'ailleurs, à chaque ouverture d'un rite, le prêtre vodoun invoque l'esprit de Papa Legba pour ouvrir les portes des deux mondes. Et qui sont toutes ces anciennes divinités ? Je vous le donne en mille, ce sont des démons !

Le Vaudou est une culture, un héritage, une philosophie, un art, des danses, un langage, un art de la médecine, un style de musique, une justice, un pouvoir, une tradition orale, des rites, le tout ensemble et mélangé. Le Vaudou se caractérise par des rites dits d'incorporation, qui est la possession volontaire et provisoire par des esprits, des sacrifices d'animaux, la croyance aux morts vivants et la possibilité de les créer artificiellement, la pratique de la sorcellerie.

Le panthéon vaudou est avant tout constitué des forces de la nature et d'autres entités surnaturelles, telles que les ancêtres divinisés qui sont donc des démons. Je rappelle que les démons peuvent se faire passer pour des anges, des divinités, des morts... Si un sorcier appelle une divinité, c'est un démon qui lui répond.

Quelques exemples :

• Mawu : dieu suprême qui règne sur les autres dieux. Ce dernier, n'ayant pas de formes, n'est jamais représenté et n'est jamais associé à des objets. Ce dieu est incréé et créateur de toutes les autres divinités vaudou. Il n'intervient pas dans la vie des hommes. Mawu ne fait pas partie à proprement parler du panthéon vaudou. C'est plutôt un concept. On ne fait que le remercier, le glorifier, car on le dit bienveillant envers toutes les créatures. Les chrétiens Ewés et Fons utilisent le même mot Mawu pour désigner le Dieu chrétien.

• Les Lwas : ce sont des esprits, des divinités inférieures pouvant entrer en communication et collaborer avec les humains. Les Lwas se matérialisent le plus souvent dans des objets inanimés de la nature.

• Erzulie ou Erzulie Freda : est l'une des plus importantes Lwas. Elle est la déesse de l'amour.

• Gu ou l'Ogoun des Yorubas : dieu de la guerre et des forgerons.

• Sakpata : dieu de la variole, de la maladie, de la guérison et de la Terre.

• Damballa : esprit de la connaissance.

• Hevioso : dieu de l'orage et de la foudre.

• Legba : est un intermédiaire et un messager des dieux. Il est as-similé, dans le Vaudou syncrétiste haïtien, à Saint-Pierre, qui détient les clés du Paradis et de l'Enfer. Il préside le lavage des mains d'eau et de rhum.

• Mami Wata : aussi appelé Yemendja au Brésil. Déesse des eaux, crainte des pêcheurs. Elle symbolise aussi bien la mer nourricière que l'océan destructeur. Est souvent représentée sous les traits d'une sirène ou d'une belle jeune femme brandissant des serpents.

• Dan : le serpent, plus particulièrement le python, un animal sacré. Dan a assisté à la création et soutient l'univers.

On voit bien que certaines divinités ont beaucoup de ressemblance avec les divinités grecques, romaines ou encore avec les démons chré-tiens.

Dans le Vaudou africain, les concepts paradis et enfer n'existent pas.

Le Vaudou vient, certes d'Afrique, mais on le pratique partout où des esclaves africains ont été déportés. En dehors du continent africain, il connaît de nombreuses variantes.

La brutalité subie par les esclaves pour créer un climat constant d'état de choc et de terreur chez les captifs est sans doute à l'origine de l'uti-lisation de cette vengeance du Vaudou que l'on retrouve chez les pratiquants descendants d'esclaves, qui utilisèrent cette religion en réponse à des actes d'une cruauté difficilement concevable commis par leurs maîtres européens. Le Vaudou était donc un acte de vengeance, un acte de colère... donc un acte démoniaque. La colère engendre la colère, la vengeance engendre le mal.

Cette stratégie de terreur par le Vaudou utilisée contre les oppresseurs a été transmise de génération en génération, notamment chez les colons blancs, terreur que l'on retrouve dans les scénarios de films des studios hollywoodiens. Parmi ces films, on citera, "White Zombie" de Victor Halperin, sorti en 1932 et le premier film consacré aux zombis, L'Emprise des ténèbres de Wes Craven, sorti en 1987...

Maintenant, vous savez tout sur le Vaudou, vous ne pourrez plus dire que vous n'étiez pas prévenus. Derrière le Vaudou se cache le démon et dans ce milieu, il y règne de nombreuses escroqueries. Si vous faites appel à un marabout, vous n'y perdrez peut-être pas votre âme, mais de l'argent certainement.

4.6) Le spiritisme et la planche Oui-Ja

Le spiritisme est présent dans toutes les cultures et pratiqué partout dans le monde. La plupart du temps, les spirites se servent de la planche Oui-Ja pour entrer en contact avec le monde des esprits.

Le médium joue le rôle d'intermédiaire entre les esprits et l'homme et prête son énergie à ces esprits, c'est-à-dire que l'esprit qui entre en contact avec le médium utilise sa voix, ses gestes (cas de l'écriture automatique)...

Il peut arriver que l'un des esprits évoqués, qui sont toujours des démons je le rappelle, jette son dévolu sur l'un des présents, sur l'un qui assiste à une séance de spiritisme. Et c'est là tout le danger du spiritisme.

Intéressons-nous à la planche Oui-Ja, car c'est cette planche qui est le vecteur principal dans les séances de spiritisme, c'est elle qui permet la communication et surtout, elle est vendue partout et il est facile de s'en procurer ! Qui n'a jamais fait de Oui-Ja entre amis rien que pour s'amuser ?

Je mets l'accent sur la planche Oui-Ja, car c'est un outil très dangereux utilisé pour appeler ceux qui ne sont plus de ce monde, en vente libre, utilisé par des novices qui s'exposent allègrement aux entités démoniaques. Une planche Oui-Ja, c'est le meilleur moyen qu'ait trouvé le démon pour persécuter et posséder un humain.

Une planche Oui-Ja est une planchette en bois, de forme ovoïde ou triangulaire, sur laquelle sont dessinés des lettres et des chiffres. Au bout de la planchette, il y a une goutte qui va se déplacer sur les lettres pour former des mots et des messages.

La planche Oui-Ja est bien souvent assimilée à tort à un jeu divinatoire. Or, elle n'est pas un jeu. Elle sert à communiquer entre notre monde, celui des vivants et le monde des esprits. Elle sert à appeler des esprits et à leur poser des questions. Ces derniers répondront en faisant bouger la goutte qui se placera sur les lettres.

L'origine de la planche Oui-Ja remonte au 19e et est arrivée avec l'essor du monde de l'ésotérisme. À cette époque, pratiquer le spiritisme et communiquer avec les esprits étaient une mode. Alors, au lieu de ramener sa table tournante, le médium trimbalait sa planche Oui-Ja bien plus légère à transporter pour ce genre de séance de spiritisme. La première planchette en bois était constituée d'une plaque en bois avec un crayon accroché. C'est le médium qui écrivait, guidé par les esprits, les mots qui étaient bien souvent indéchiffrables.

Ce n'est qu'en 1891, qu'Élie Blond et Charles Kennard ont eu l'idée d'inventer la planche Oui-Ja telle qu'on la connaît aujourd'hui. Ils ont gravé des lettres et des chiffres sur la planchette ainsi que les mots "Oui", "Non" et "Au revoir". C'est cette planche que les médiums utilisent pour entrer en communication avec l'au-delà.

Quand je vois tout ce que l'on raconte sur la planche Oui-Ja, comment il est simple de s'en procurer une, que l'on peut faire même une séance de spiritisme confortablement installé dans son fauteuil, en utilisant internet, ça me met hors de moi. Je le redis, la planche Oui-Ja n'est pas un JEU !!!!!

La planche Oui-Ja s'utilise lors d'une séance de spiritisme. Elle peut se faire seule, mais je le déconseille fortement. Il faut toujours être accompagné d'un professionnel ou d'un médium qui sache réagir au cas où le démon se manifesterait et chercherait à nuire.

Lors d'une séance de spiritisme, on appelle les défunts. Il est rare que le défunt appelé réponde, car Dieu ne le permet pas, sauf de rares exceptions, comme on peut le lire dans la Bible, avec l'épisode de Saül qui demande à un nécromancien de lui prédire l'avenir en invoquant un mort. Et Samuel, qui était mort depuis peu, apparaît. Mais Samuel fait de graves reproches à Saül : « Pourquoi m'as-tu troublé en me faisant monter ? » On comprend alors qu'il ne faut pas importuner les morts, mais qu'il faut les respecter.

Dans la plupart des cas, si un esprit répond à l'appel du spirite, c'est un démon. Si on le laisse faire, si l'on est novice, cette entité peut prendre le pouvoir, nous poursuivre, nous posséder et nous pousser à la mort. Malgré cet avertissement, si vous décidez tout de même de recourir à la planche Oui-Ja, veuillez lire attentivement ce qui va suivre.

Les participants pour ce genre de séance doivent être en bonne santé physique et mentale afin d'éviter tout acte de possession. Il est aussi conseillé d'utiliser la prière pour faire fuir les démons.

Si un esprit répond, il faut absolument rester courtois, poli et ne poser que des questions simples. Il ne faut surtout pas poser des questions sur sa mort ! Après chaque séance de spiritisme, il est indispensable de remercier l'esprit qui a bien voulu répondre et de lui dire au revoir.

Il n'est pas rare, après une séance de Oui-Ja, si l'on n'est pas assez fort mentalement, de sombrer dans la folie et la schizophrénie. Ou il n'est pas rare qu'après une telle séance un esprit démoniaque s'attache à la personne la plus faible du groupe pour la tourmenter.

Les médiums (les vrais, pas les charlatans !) insistent sur le fait que l'on n'est jamais sûr de l'identité de l'entité qui va répondre à l'appel de la planche Oui-Ja. Et plus un esprit est flatteur et menteur, plus il est malveillant. Certaines entités démoniaques se font même passer pour un être cher disparu pour arriver à leurs fins, c'est-à-dire pour rejoindre notre monde.

Car la planche Oui-Ja est un portail entre les deux mondes, une porte d'entrée facile pour les démons qui n'ont pour but que de nous tourmenter. Alors, chers lecteurs, ne leur donnons pas cette chance !

Comment savoir si l'on a appelé une entité malveillante ?

Si la goutte de votre planche Oui-Ja se met à pointer les quatre coins de la table lors d'une séance de spiritisme, si elle se met à dessiner un 8 au centre de la table, si elle cherche à sortir de la table, alors ce n'est pas bon signe. Il s'agit d'une entité malveillante qui cherche à rejoindre notre monde et qui va s'accrocher à vous.

De même, si l'esprit se met à réaliser un compte à rebours avec les lettres ou les chiffres, ce n'est pas bon non plus. Il vaut mieux arrêter la séance tout de suite en espérant que cela ne soit pas trop tard.

Si malgré tout ce que je viens de vous dire, vous êtes toujours décidé à utiliser une planche Oui-Ja, voici quelques précautions à prendre avant, pendant et après une séance de spiritisme.

• Ne pratiquez jamais une séance seul. Soyez au minimum deux et de préférence avec un médium.

• Ne jamais demander quand vous allez mourir ! Cela pourrait vous conduire à la paranoïa, surtout si l'entité cherche à vous nuire.

• Ne jamais poser de questions sur Dieu, vous risqueriez de mettre en colère le démon.

• Ne laissez jamais, j'ai bien dit jamais, l'entité compter à rebours au risque qu'elle se libère de la planche.

• Faites très attention à ne pas faire tomber l'ampoule de la surface, car l'entité pourrait en profiter pour se libérer.

• Les démons utilisent toujours la flatterie ou le mensonge pour vous séduire et gagner votre confiance.

• Si la planchette dessine un 8 ou se déplace aux quatre coins de la table, vous avez affaire à une entité maléfique. Bonne chance pour

pour lui échapper !

• Si vous pratiquez votre séance en compagnie d'une personne malade, dépressive ou malveillante, vous serez plus susceptible d'appeler une entité démoniaque. Dans le cas contraire, vous n'aurez aucune réponse.

• Concluez toujours votre séance en disant au revoir, sans quoi l'entité pourrait rester.

• N'insultez jamais, ne posez jamais une question ridicule, ne riez pas à une réponse, ne provoquez pas l'entité au risque de provoquer sa colère.

• Ne répondez jamais à une question posée à la place de l'entité.

• Toujours remercier avant de prendre congé avec l'entité.

• Ne pratiquez pas trop de séances de spiritisme d'affilée au risque de vous affaiblir mentalement.

Comme je l'ai dit plus haut, les séances de spiritisme peuvent engendrer de la dépendance, de la dépression, de la schizophrénie, une possession démoniaque et la mort.

Je termine ce paragraphe sur la planche Oui-Ja et le spiritisme en vous donnant l'avis des scientifiques.

Les scientifiques nous ont prouvés que le fait que la planchette bouge n'est pas le fait d'un esprit. C'est notre propre force, puisque nos doigts touchent la planche, qui la font bouger sans que l'on s'en aperçoive. Il n'y a rien de surnaturel dans tout cela.

Malgré ça, elle reste dangereuse, car celui qui pratique une séance de spiritisme, qui croit au paranormal, peut se croire possédé ou persécuté. Encore une fois, faites attention !

D'une manière ou d'une autre, que l'on croie ou non aux démons, la planche Oui-Ja reste dangereuse. Elle n'est pas un jouet, comme beaucoup de sites en ligne et autres vendeurs la présentent. Le cas le plus célèbre d'une possession démoniaque après une séance de Oui-

Ja reste dangereuse. Elle n'est pas un jouet, comme beaucoup de sites en ligne et autres vendeurs la présentent. Le cas le plus célèbre d'une possession démoniaque après une séance de Oui-Ja reste l'histoire de ce jeune homme qui a inspiré William Blatty pour son roman « L'Exorciste », roman qui d'ailleurs a été adapté au cinéma. Je reviendrai sur cette histoire.

V) La possession démoniaque

Comme je viens de le dire lors du chapitre IV, l'action extraordinaire du diable revêt cinq formes distinctes que l'on va détailler dans ce chapitre.

Le sujet a recouvré tout son intérêt grâce au cinéma avec, notamment, la sortie du film L'Exorciste de William Friedkin. Ce film causa une vague d'hystérie en Amérique et en Europe, relançant la question de la possession démoniaque qui s'était fait oublier. Le 2 février 1975, Radio Vatican avait interviewé le réalisateur ainsi que le théologien jésuite Thomas Bemingan, conseiller technique sur le tournage. William Friedkin affirma avoir voulu raconter une histoire en s'inspirant du roman de William Peter Blatty (d'ailleurs le roman lui-même s'inspire d'une histoire vraie, celle de Robbie Mannheim, un jeune garçon de 14 ans qui fut exorcisé en 1949 et dont l'histoire fut publiée dans l'édition du 20 août 1949 du Washington Post). À la question si le réalisateur croyait en la possession démoniaque, ce dernier se contenta de répondre que la réponse devrait être donnée par les théologiens.

Lorsque l'on demanda à Thomas Bemingan si l'œuvre était un simple film d'horreur ou bien quelque chose d'autre, ce dernier opta sans hésitation pour la seconde hypothèse. D'ailleurs, en se fondant sur l'énorme impact que le film avait eu sur les spectateurs, il affirma qu'à part certains détails spectaculaires, le film traitait du problème de la possession démoniaque avec beaucoup de sérieux et qu'il a ravivé l'intérêt accordé aux exorcismes jusqu'alors oublié.

Et il a raison. Il faut parler de la possession démoniaque, il faut qu'elle devienne crédible et réelle aux yeux de la majorité des gens. C'est ce que je m'efforce de faire à travers mes livres et mes articles de blogue.

5.1) Les souffrances physiques

Il y a certaines souffrances physiques externes qui peuvent être provoquées par Satan. Ce sont des phénomènes auxquels de nombreux saints ont été confrontés. Je pense notamment à Gemma Galgani, à Saint Paul de la Croix, au Padre Pio, au pape Jean-Paul II, au curé d'Ars...

Tous furent frappés, flagellés, battus par des démons pour qu'ils renient Dieu, pour qu'ils n'aient plus la force d'aimer Dieu. Ces souffrances physiques externes sont voulues par Dieu pour affirmer la foi de celui qui les subit. Ces derniers sont ce qu'on appelle des saints ou des charismatiques.

5.2) L'infestation diabolique

Le plus souvent concernent les habitations, les objets ou les animaux. Car oui, un démon peut posséder un animal.

L'infestation diabolique d'une habitation se manifeste par des bruits suspects de pas, de grognements dans les murs, des manifestations de créatures difformes ou de spectres noirs... Ces cas sont rarissimes, car généralement, ce n'est pas la maison qui est hantée par un démon, mais plutôt un individu qui habite cette maison.

En effet, une victime possédée par un démon va entendre des bruits suspects, va voir des entités. Et ces phénomènes sont aussi ressentis par les proches de la victime. Cela n'a rien à voir avec le lieu d'habitation. Je tiens aussi à dire que ce n'est pas parce qu'un homme possédé entre dans une maison que celle-ci sera hantée ou maudite. C'est entièrement faux. Le démon s'attaque à une personne, c'est rare qu'il s'attache à lieu.

Néanmoins, nous avons des cas où le démon s'est attaché à un lieu, mais plutôt parce qu'il y vivait déjà là depuis longtemps.

Prenons le cas de la famille Perron, histoire racontée dans le livre "Les meilleurs dossiers Warren " et racontée au cinéma dans le film Conjuring : les dossiers Warren de James Wan. Dans cette affaire, les Perron emménagent dans une ferme dans la ville d'Harrisville aux États-Unis. Très vite, ils sont perturbés par des phénomènes paranormaux. L'enquête des Warren révèlera qu'une sorcière, répondant au doux nom de Bathsheba Sherman, avait habité la ferme dans les années 1840, qu'elle y aurait faite des abominations (comme sacrifier ses enfants au diable) ainsi que des messes noires... et qu'elle y serait morte. Ce serait elle qui hanterait la ferme et serait revenue pour persécuter les Perron. Dans cette histoire, on peut conclure que le diable a permis à cette femme de devenir démon et de rester dans la ferme. Elle avait formulé ce vœu avant sa mort. Devenue démone, non seulement elle hante l'habitation, mais elle retient prisonnier les âmes de tous ceux qui ont trouvé la mort dans cette ferme. D'où des phénomènes de hautes hantises.

Par contre, toujours dans ce même livre « Les Meilleurs dossiers Warren », on trouve l'affaire de la maison hantée des Smurl. Les Smurl sont des personnes croyantes, qui à cause de l'ouragan Agnès qui avait ravagé la moitié de la Pennsylvanie du Nord en 1972, perdent leur demeure. La famille est modeste et trouve une belle maison pour la petite somme de 18 000 dollars dans un quartier calme de West Pittston. La maison a été construite en 1896. Très vite, ils sont victimes de phénomènes paranormaux très dérangeants. Au point, et devant le refus de l'Église de les aider, qu'ils demandent de l'aide aux Warren qui concluront à une infestation démoniaque. Après plusieurs exorcismes réalisés dans la maison, les phénomènes paranormaux ont cessé.

Cette histoire, même si elle demande enquête, nous montre qu'un lieu peut être infesté d'une présence maléfique. D'ailleurs, tous les lieux dits hantés le sont par des présences maléfiques. Il s'agit de démons mineurs, les fameux démons familiers comme on les appelle, qui adorent se faire passer pour des fantômes. Ces démons peuvent aussi être très dangereux.

Lorsqu'un démon s'attache à une demeure, lorsqu'il y a un phénomène d'infestation diabolique, cela peut conduire à l'obsession diabolique, à la vexation voire à la possession.

Concernant les objets, le démon peut aussi s'y attacher. Ces cas-là ne sont pas rares, bien au contraire. Il s'agit souvent d'un maléfice jeté sur un objet pour toucher la victime. On pense à la poupée vaudou, aux talismans... Dans les rituels de magie, le sorcier se sert d'un objet pour y enfermer son sort. Le détenteur de l'objet sera alors maléficié et subira des phénomènes d'obsession diabolique, de vexation pouvant aller jusqu'à la possession.

Les maléfices sont souvent la cause de la possession démoniaque. Il s'agit en fait de 95 % des cas de possession.

Lorsque j'évoque les objets hantés, je ne peux m'empêcher de penser à la poupée Annabelle (encore une histoire issue des dossiers Warren). À l'origine, cette poupée était une poupée banale en chiffon, jusqu'au jour où, lors d'une messe satanique, le prêtre noir y mette un démon. Après cela, le démon qui est dans la poupée va hanter ceux qui la possèdent ne désirant qu'une chose : posséder et semer la désolation.

Dans le cas de la poupée Annabelle, qui existe et peut se voir dans le musée de l'horreur des Warren, il s'agit encore de magie, de messe noire. Un démon ne s'attache aux objets que si l'on a posé un sort ou un maléfice sur l'objet en question.

La possession sur les animaux existe et est même décrite dans la Bible, au moment où Jésus sauve un homme possédé par une légion de démons. Ces démons demandent l'autorisation d'entrer dans des cochons. Jésus accède à leur demande. Mais les animaux deviennent fous et se jettent de la falaise directement dans l'océan.

Cet épisode nous prouve que les animaux peuvent aussi être touchés par le Malin.

D'ailleurs, souvent on décrit le Diable se transformant en corbeau ou en chat noir. Ou la sorcière qui se promène avec un chat noir qui n'est autre qu'un démon.

Par contre, il est vrai et il a été prouvé que nos amis les animaux sentent les entités maléfiques et réagissent en conséquence, soit en fuyant en criant et gémissant, soit en aboyant (pour le chien), soit en fixant quelque chose dans le vide. Le comportement d'un animal peut nous révéler beaucoup de choses.

5.3) L'obsession diabolique

L'obsession diabolique se manifeste par des attaques brutales, parfois continuelles, de pensées délirantes, absurdes, obsessionnelles, dont la victime est incapable de se débarrasser.

La victime vit dans un état de prostration et de désespoir permanent qui peut la conduire au suicide. Ces obsessions influent sur les rêves de la victime qui deviennent des cauchemars. La victime peut aussi être sujette à des paralysies du sommeil.

L'obsession diabolique fait croire à des états morbides relevant de la psychiatrie, à de la dépression. Sauf que les antidépresseurs et les anxiolytiques n'ont que très peu d'effets sur ces personnes.

Le risque de l'obsession diabolique est avant tout le suicide. Le démon instille dans l'esprit de sa victime des idées sombres et l'empêche de voir les petits bonheurs de la vie. Un évènement banal comme une facture à payer, la perte de ses clés de voiture, déchirer un vêtement, renverser une bouteille… se transforme en un véritable drame. La victime n'est plus capable de réfléchir. Elle se renferme dans un profond désespoir. Souvent, après une ou plusieurs tentatives suicidaires, elle se retrouve enfermée, pour son propre bien, dans un asile psychiatrique. Elle subira cet enfermement. Elle avalera ses médicaments. Mais cela ne soignera pas ses idées morbides. Et dès sa sortie, elle ne pensera qu'à une chose : en finir avec la vie et cette fois-ci réussir son suicide.

Ces personnes ont vraiment besoin d'une aide spirituelle, d'une écoute attentive. Si elle croise des gens bienveillants qui lui conseillent d'aller voir un prêtre ou un exorciste, elle sera sauvée. Si elle croise des gens malveillants qui se moquent d'elle ou qui lui conseillent les services d'un sorcier ou d'un magicien, elle sera alors perdue.

Je pense que l'on a tous croisé un jour un dépressif. À l'avenir, si vous en croisez un, conseillez-lui d'aller voir un prêtre. S'il s'agit d'une obsession, il en sera soulagé. Si ce n'est pas le cas, si son cas relève de la psychiatrie, voir un prêtre ne peut lui faire de mal, bien au contraire.

L'obsession diabolique peut conduire à la vexation.

5.4) La vexation diabolique

La vexation diabolique désigne toutes sortes de troubles ou de maladies plus ou moins graves, mais qui se transforment en possession, avec la perte de conscience et l'accomplissement d'actes involontaires ou la prononciation de mots injurieux, dont la victime n'est pas responsable.

Dans la vexation diabolique, le démon attaque sa victime en lui faisant subir toutes sortes de « vexations » justement, c'est-à-dire en attaquant sa santé, son travail, sa vie affective... et en le forçant à réagir violemment à ces attaques.

Prenons un exemple : un homme croit qu'il est poursuivi par la malchance, car il n'arrive pas à trouver l'amour et un emploi stable, car est toujours renvoyé pour des motifs variés. De plus, cet homme souffre souvent de maux divers, souvent des maux de ventre, qui l'affaiblissent. Les médecins n'arrivent pas à le soulager. On peut suspecter, en entendant l'histoire de cet homme, qu'il est victime d'une vexation diabolique.

Prenons un autre exemple, celui de cette jeune femme, très brillante, étudiante, qui, alors qu'elle avait eu un cursus scolaire sans failles, échoue à ses examens de dernières années. Suite à cela, son compagnon la quitte pour une autre. Et pour couronner le tout, elle se met à avoir des douleurs (abdomen, dos, articulaires...) sans pouvoir se l'expliquer. Cette jeune femme est peut-être victime d'une vexation diabolique, ce qui la conduira au désespoir et entraînera peut être une possession.

Souvent, les personnes atteintes de vexation diabolique le sont à cause d'un maléfice.

Le plus souvent, ce sont ce genre de personnes que les exorcistes reçoivent en consultation.

5.5) La possession démoniaque

C'est le cas le plus grave. Ils sont très rares, mais cela existe. Souvent, la personne, avant d'être possédée, a subi une vexation démoniaque ou une obsession.

La possession démoniaque est la forme de tourment la plus grave. Ici, le démon s'empare du corps de sa victime (pas de son âme) et la fait agir ou parler à sa guise. La victime ne peut lui résister et n'est donc pas moralement responsable des actes commis ou des paroles prononcées.

Pour posséder un être humain, le démon doit l'affaiblir, c'est-à-dire qu'il doit s'attaquer à lui. La plupart du temps, il se montre à lui, lui fait subir des sévices, grogne ou parle à côté de lui, tape dans les murs... C'est la vexation ou l'obsession démoniaque.

Les symptômes de la personne possédée sont :

—   Des phénomènes de Poltergeist, c'est-à-dire des bruits de coups audibles par d'autres personnes. On pourrait confondre ce phénomène par un phénomène de hantise et donc avec une infestation diabolique.

–   Des phénomènes de télékinésie : des déplacements d'objets. Là encore, on peut croire que c'est l'habitation de la personne possédée qui est hantée.

–   Une glossolalie : la victime est capable de parler une langue étrangère, souvent une langue morte comme le latin, inconnue d'elle.

–   Une psychokinèse : la victime fait preuve d'une force physique anormale.

–   Des phénomènes de voyance : la victime arrive à prédire l'avenir et parvient à révéler des secrets cachés. Toutefois, le démon n'a pas le pouvoir de la connaissance du futur, mais par sa nature angélique, il peut avoir une connaissance conjoncturelle beaucoup plus grande que la nôtre. Le démon peut lire nos émotions et ressentir nos peurs.

–   Des phénomènes de lévitation : la victime arrive à léviter dans les airs ou à grimper aux murs.

–   La victime ressent une aversion totale envers tous les objets religieux et l'eau bénite. Elle se met à blasphémer et à crier des injures, surtout envers le Christ ou la Vierge Marie. Ce symptôme est le plus important, car il peut se voir en dehors de l'exorcisme, en présentant un crucifix au possédé par exemple.

La personne possédée parle seule et présente des zones d'anesthésies sur le corps, ce qui peut aussi faire penser à un début de lèpre.

Bien souvent, les possédés ont des comportements normaux. Beaucoup d'entre eux ont une vie normale et continuent de travailler. Ils gèrent les crises plus ou moins bien. Car la possession démoniaque se fait sous forme de crises où la victime entre dans une espèce de transe, se contorsionne, vocifère, hurle… puis se calme et reprend le contrôle de son corps. Après une crise, en général, elle ne se souvient de rien. Eh oui, on est loin de la petite Regan dans le film l'Exorciste de William Friedkin qui vomissait des jets verdâtres ou qui tournait sa tête à 360 °.

Il existe toute une panoplie de possessions diaboliques présentant des différences notables sur le plan de leurs gravités et de leurs symptômes. Il ne faut surtout pas se borner à un modèle unique, car il existe autant de formes de possessions démoniaques qu'il existe de démons.

Le possédé peut ressentir s'il y a quelque chose en lui qui lui veut du mal. Il peut développer des idées noires ou de meurtres. Il peut aussi sombrer dans l'alcool ou la drogue. Il peut aussi subir des douleurs physiques que la médecine ne peut soulager. Il peut aussi entendre des voix lui ordonner de faire des choses. Il peut aussi voir des choses, des ombres, des entités. Le démon qui est en lui peut aussi le frapper et le forcer à se mutiler.

Et certaines fois, le possédé peut tuer, car le démon lui ordonne de le faire.

Comme je l'ai dit plus haut, la victime ne doit pas être persécutée, elle l'est déjà par le démon. Elle a besoin d'une aide urgente. Parfois, il faudra des années et beaucoup d'exorcismes pour la libérer.

Beaucoup de possédés ont été mis en asile psychiatrique et déclarés dangereux et incurables. Nombreux sont étiquetés schizophrènes et prennent des médicaments qui ne servent à rien.

5.6) Que devient le démon après la délivrance ?

Pour répondre à cette question, il faut tenir compte de deux choses :

-    Le fait d'être en enfer ou non est plus une question de temps que de lieu.

-    Les anges et les démons sont des esprits purs. Pour eux, la notion de lieu a un sens différent que celui que nous lui attribuons. Et le même raisonnement s'applique au temps.

Donc, dans la vision du pape Léon XIII, lorsque Satan demande plus de temps et de pouvoirs à Dieu pour détruire l'Église, Dieu lui donne 100 ans. Or, ces 100 années sont différentes des nôtres, cela ne correspond pas à 3 650 jours, mais à beaucoup plus de jours.

Lorsqu'un démon quitte une personne, parce qu'il y est obligé par l'exorcisme, il est précipité en enfer. Pour lui, cela équivaut à une mort définitive. Dans ce lieu, il devra payer pour toutes les souffrances qu'il a infligées aux humains. En fait, il verra sa peine éternelle augmentée.

Pour comprendre cette notion, revenons un moment sur l'Apocalypse. Ce passage nous raconte que les démons ont été précipités sur terre et que leur condamnation définitive aura lieu au jour du Jugement Dernier. Pendant ce court laps de temps pour eux, ce long laps de temps pour nous, ils conservent leurs pouvoirs autorisés par Dieu.

Dans la Bible, il y a un moment où un démon apostrophe Jésus en ces termes : « Qu'avons-nous à faire avec vous, Jésus, Fils de Dieu ? Êtes-vous venu ici pour nous tourmenter avant le temps ? » Cette interrogation du démon montre bien qu'avant le Jugement Dernier, les démons peuvent agir à leur guise. Mais aussi, qu'ils se savent tous condamnés !

Dans la même idée, les anges verront leur gloire s'accroître pour le bien qu'ils ont fait aux hommes. C'est pourquoi il ne faut pas se priver de les invoquer.

Et c'est là que l'on comprend que le démon n'aime pas se faire voir, que sa plus belle ruse est de faire en sorte que l'on ne croit pas en lui. Beaucoup de possédés ne savent pas qu'ils le sont. Pour la plupart, ils recourent à des médecins pour soulager leur mal. Sans succès. Alors, ils se tournent vers des magiciens qui vont renforcer ce mal. C'est gagné pour le démon qui ne sera pas chassé.

Et si l'on ne chasse plus le démon par un exorcisme, car l'on ne croit pas en lui, on se dirige inévitablement vers la désolation. Et lui n'a pas la crainte de retourner en enfer.

Il arrive, aussi, que le démon revienne, qu'il s'échappe de l'enfer. Mais, lorsque cela se fait, il est accompagné par sept démons plus puissants. En général, les démons sont épris de vengeance, et lorsqu'on les chasse, ils font tout pour revenir. Certains y parviennent, d'autres non. C'est pourquoi, après la délivrance, il faut rester vigilant et ne pas s'arrêter de prier et de communier.

Cela me fait penser à l'histoire de Maurice Thiérault, un homme qui fut possédé par un démon durant de longues années et qui put vivre normalement durant tout le temps de sa possession. Parfois, il entrait dans des colères telles que même ses enfants avaient peur de lui, que sa femme ne voulait plus l'approcher. Pourtant, en dehors de ces crises, Maurice Thiérault était un homme particulièrement gentil et serviable. Mais ces crises lui pourrissaient la vie et avaient éloigné ses proches de lui. En proie à un profond désespoir, il avait demandé de l'aide au couple Warren qui en était arrivé à la conclusion que Maurice Thiérault était possédé par un démon puissant. Il devait être exorcisé rapidement.

C'est l'évêque de Boston, Robert McKenna, qui se chargea de l'exorcisme. L'évêque pratiqua 3 exorcismes sur Maurice, dont le 3e devant témoin. Ce troisième exorcisme a d'ailleurs été filmé et l'on peut voir la vidéo sur le net. Pour ceux qui oseront la regarder, notez la transformation physique de Maurice. Des cloques apparaissent sur son corps, comme s'il brûle. Une fente s'ouvre sur son crâne. Ses yeux sont ceux d'un serpent. Il est évident que Maurice est sous l'emprise d'un démon. Pendant un court instant, il regarde fixement l'évêque et cligne trois fois des yeux, comme pour offenser la trinité.

Après ce troisième exorcisme, Maurice est délivré et retrouve une vie paisible. Sauf que, alors qu'on lui avait demandé de prier et de se rendre à l'église au moins une fois par semaine et de se confesser de temps en temps, Maurice fait une rechute spectaculaire. Il entre en crise. Il devient fou furieux, veut tuer sa femme avec fusil. Et dans un dernier sursaut de lucidité, retourne l'arme contre lui et se donne la mort.

Maurice n'a pas respecté les consignes qui lui avaient été données et le démon a pu à nouveau s'emparer de son corps.

5.7) La possession démoniaque dans l'Église

Tout d'abord, bien que réticente, l'Église affirme l'existence des démons et leur capacité à tourmenter et à posséder les hommes ainsi que des objets. Elle consent à l'exorcisme, mais demande des preuves évidentes de la possession avant de l'autoriser. Tout cela pour se couvrir. Ce qui est une aberration, puisque le démon ne se révèle que lors de l'exorcisme. C'est le Rituel qui l'oblige à se montrer.

Il faut d'abord pratiquer un exorcisme et si le démon se révèle, alors on peut dire qu'il s'agit bien d'une possession démoniaque. Et non le contraire. Pratiquer un exorcisme, du moins réciter les premières prières du Rituel, ne peut pas faire de mal à une personne. Bien au contraire. Souvent, on croise des personnes qui se croient possédées alors qu'il n'en est rien. Ces personnes demandent l'exorcisme ce qui permettra de les guérir, car elles se croiront délivrées.

La religion catholique distingue 4 formes principales de possession démoniaque :

— La victime est en état de grâce et consent à la possession. C'est un cas très rare, mais qui a déjà existé. C'est lorsque Dieu lui-même donne à certaines âmes la possibilité de racheter leurs péchés dans la souffrance. Il consent à la présence d'un démon dans le corps d'une victime afin que celle-ci puisse affirmer son désir d'aimer Dieu et renoncer au péché. En général, la personne est pieuse. Au XIXe siècle, le père Surin a été victime de cette forme de possession alors qu'il réalisait un exorcisme. Il arrive, aussi, que le démon s'en prenne avec acharnement à des personnes très pieuses à cause du bien qu'elles répandent autour d'eux. Cela a été le cas pour le saint curé d'Ars, le Padre Pio ou encore le pape Jean-Paul II. Ces derniers avaient l'habitude de se battre physiquement contre les démons durant des nuits entières.

— La victime est en état de grâce et ne consent pas à la possession. C'est le cas le plus courant. Le démon va s'attaquer à une personne très pieuse pour atteindre plus facilement Dieu. Cela peut aussi se produire lors de la cérémonie du baptême par négligence ou présomption.

– La victime n'est pas en état de grâce et ne consent pas à la possession. C'est le cas d'une possession démoniaque sur une victime qui ne croit pas en Dieu et qui s'est enraciné dans le péché. C'est une proie facile pour le démon qui va prendre le contrôle de son âme et le forcer à commettre des actes violents et de graves péchés. En général, la victime sombre dans la schizophrénie ou la dépression et finit par se suicider. C'est une manière pour Satan de recruter des âmes pour parfaire son armée.

– La victime n'est pas en état de grâce et consent à la possession. Ici, il s'agit d'un pacte réalisé avec le démon. Le possédé devient son complice et reçoit des dons obscurs. En échange, il répand le mal autour de lui. Toutefois, le démon ne devient pas ami avec celui qui pactise avec lui. Car le démon ne connaît pas l'amitié et n'a que des victimes. Il utilisera le pactisé jusqu'à le faire sombrer dans la folie, car pour lui, la race humaine est une race largement inférieure à sa nature angélique, qu'il méprise par-dessus tout et qu'il voit comme un instrument pour atteindre Dieu.

Donc, pour l'Église, Satan ne s'attaque qu'aux âmes fragiles, aux pêcheurs et aux athées. Le démon peut facilement posséder une victime qui doute, qui commet des actes atroces ou qui s'emmure dans le péché et la forcer à continuer dans cette direction. Ou, il entraîne en Enfer les êtres les plus vils pour grossir son armée.

Je pense que Satan s'attaque à tout le monde par le biais de son pouvoir ordinaire qui est la tentation. S'il réussit son coup et fait de sa victime un pêcheur, alors il peut utiliser son pouvoir extraordinaire et donc la posséder et la torturer.

5.8) Pourquoi est-on possédé ?

On ne parlera pas des pièges ordinaires du démon, mais de ses pièges extraordinaires. On peut y tomber dedans consciemment et sciemment ou inconsciemment. Il existe quatre raisons essentielles :

-       Parce que Dieu le permet,

-       Parce qu'on est victime d'un maléfice,

-       Parce que l'on se retrouve dans un état de péché grave et endurci,

-       Parce qu'on fréquente des lieux ou des personnes maléfiques.

5.8.1) Parce que Dieu le permet

Il faut savoir, et je l'ai déjà dit, rien n'arrive sans la permission de Dieu. Dieu ne veut pas le mal, mais il l'autorise pour endurcir notre foi et surtout lorsque nous désirons connaître la Passion du Chris et ses souffrances, car Il nous a créés libres et sait extraire le bien dans le mal.

Dieu peut permettre quelquefois (cela reste rare) l'action extraordinaire de Satan afin d'exercer l'homme à l'humilité, à la patience et la mortification. Prenons l'exemple du Père Calabria et de Sœur Marie de Jésus qui furent tous deux possédés par le démon, alors que leurs actions humaines étaient bonnes. Ces deux personnes traversèrent des périodes de possession diabolique au cours desquelles elles firent et dirent des choses contraires à leur mentalité et à leur santé, sans qu'elles en soient responsables.

5.8.2) Parce qu'on est victime d'un maléfice

Le maléfice consiste à nuire à une personne par l'intervention du démon.

Ces cas sont nombreux par rapport aux autres cas. Ici, la victime n'a pas commis de fautes, mais il y a tout de même une responsabilité humaine de celui qui fait, de celui qui instaure le maléfice ou commande au magicien de le faire.

Cela peut revêtir plusieurs formes : ligature, mauvais œil, malédiction... nous avons déjà parlé de ces moyens.

Le moyen le plus utilisé est le sort. À lui seul, il est responsable de la plupart des cas de possession et autres troubles maléfiques.

5.8.3) Vivre dans un état de péché grave

Nombreuses sont les personnes qui vivent dans un état de péché grave et qui n'ont pas la foi.

Je l'ai déjà dit, plus la foi fait défaut, plus la superstition progresse. C'est un phénomène mathématique. Et plus l'on est superstitieux, plus on est attiré par le spiritisme, la magie... Cela est un premier point et constitue un péché grave.

Concernant le péché grave, l'Évangile nous donne un exemple très clair avec Judas. Judas était un voleur. Jésus a déployé des efforts énormes pour le corriger et le remettre dans le droit chemin. Mais Judas s'est entêté et renforcé dans le vice jusqu'à ce que celui-ci atteigne son comble. Et c'est à ce moment-là qu'il a été possédé.

D'ailleurs, durant la cène on peut lire : « Satan entra en lui » (Jn 13,27).

Dom Gabriele Amorth, dans son ouvrage « Un exorciste raconte » dit avoir reçu des femmes qui avaient commis plusieurs fois le crime d'adultère, des personnes qui, outre des perversions sexuelles aberrantes, se rendaient coupables d'actes de violence...

Et à chaque fois, la guérison ne put se faire sans une conversion sincère.

5.8.4) Parce que l'on fréquente des lieux ou des personnes maléfiques

C'est le fait de participer, activement ou passivement, à des séances de spiritisme, de magie, d'occultisme, à prendre part à des cultes ou des sectes sataniques, à participer à une messe noire ou même à fréquenter des magiciens, des sorciers, des cartomanciens...

Prenons l'exemple d'un homme qui souffre d'un mal rebelle à tout traitement médical. Il va voir un magicien, car il pense que cela est dû à quelque chose de maléfique. Le magicien affirme qu'on lui a jeté un sort (c'est toujours ainsi que cela se passe). Jusqu'ici les frais sont limités et les dommages nuls.

Et c'est là où l'on vient au moment où le magicien demande de l'argent et quelque chose de personnel appartenant à la personne qu'il est censé délivrer, comme une photo, un vêtement intime, une mèche de cheveux et que sais-je encore ? Et le mal est fait. Que fait le magicien de cet objet ? De la magie noire... Et non seulement, celui qui le consulte perd une somme d'argent assez conséquente, mais en plus il se retrouve maléficié.

VI) S'en défendre

6.1) L'exorcisme

« Ceux qui auront cru : en mon Nom ils chasseront les démons… » (MC 16,17)

Voici le pouvoir que Jésus a donné à tous ceux qui croient en lui : chasser les démons. C'est un pouvoir général fondé sur la foi et la prière. Mais, pour chasser les démons, il faut de l'expérience, c'est pourquoi il est dangereux de le faire soi-même, même si vous avez une foi inébranlable en Jésus-Christ. Il vaut mieux s'adresser à un prêtre-exorciste ou à un pasteur qui va vous guider.

L'Église, pour protéger les fidèles contre les charlatans et autres magiciens qui se prétendaient exorcistes et pour renforcer l'efficacité de ce pouvoir donné par le Christ, a institué un sacramental reposant sur de puissantes prières. C'est ce que le Droit Canon prescrit en rappelant que ce sacramental ne peut être administré que par des évêques ou des prêtres ayant reçu une licence de leur évêque.

C'est pourquoi le terme exorciste ne s'applique qu'aux évêques et aux prêtres autorisés à réaliser un exorcisme. Le pasteur réalise aussi des exorcismes, récitent les mêmes prières (à peu de choses près), mais dans ce cas, il faudra parler de prières de délivrance, qui sont aussi très efficaces.

Donc, il faut bien différencier l'exorcisme, qui est un terme réservé à l'Église catholique et la prière de délivrance qui est le terme que l'on doit utiliser pour désigner l'exorcisme chez les protestants par exemple.

Les prières de délivrance peuvent être administrées par tous. C'est pourquoi un pasteur peut faire des prières de délivrance et exorciser une victime, à la différence du prêtre-exorciste qui devra demander une autorisation spéciale pour le faire. Il existe aussi des communautés de prières délivrant ce genre de prières et qui se montrent très efficaces pour lutter contre les démons. Ces prières se font dès que le doute d'une possession, d'une vexation, d'une obsession ou d'une infestation est acquis.

À la différence de l'Église catholique où les exorcismes ne sont autorisés qu'en cas de possession diabolique véritable, donc vérifiée et prouvée. Or, le démon est fourbe et sa plus grande force est de faire en sorte que l'on ne croit pas en lui.

Prenons un exemple : un patient souffrant de maux divers (surtout au niveau de l'abdomen) qui n'est pas soulagé par les différents traitements que le médecin a mis en place. Eh bien, on s'acharnera sur ce patient, on le gavera de médicaments pour soulager ses douleurs, alors que le problème est ailleurs. Dans ce cas, on ne pensera pas au démon, car le patient ne lévite pas, ne parle pas une langue inconnue, se comporte normalement. Et pourtant, il se peut qu'il soit possédé. Le seul moyen de le vérifier est de pratiquer un exorcisme, car seul l'exorcisme forcera le démon à se montrer.

Prenons un deuxième exemple : un patient étiqueté schizophrène, souffrant d'accès de colère, entendant des voix, disant qu'on veut le tuer. Ce patient sera dirigé vers un psychiatre qui le gavera de médicaments sans pouvoir calmer les crises. Ce patient ne donnera aucun signe évident d'une possession diabolique. Pour le soulager, sans vraiment y parvenir, on lui donnera des psychotropes, qui à terme vont détériorer son cerveau et d'autres organes comme les reins. Là encore, un exorcisme forcera le démon à se montrer et s'il n'y en a pas, alors, on peut continuer le traitement médical.

Ce que je veux vous prouver par ces deux exemples, c'est que le démon ne se montre pleinement que contraint par l'exorcisme. Sinon, un homme peut vivre toute sa vie en étant possédé du démon, sans qu'il le sache. Il dira simplement être poursuivi par la malchance, être un raté ou un incapable, verra se détruire autour de lui toutes les choses qu'il entreprend. Et dans notre société, cela est devenu banal.

On n'y prête pas attention, on subit cela comme une sorte de fatalité. Alors qu'il suffirait de réaliser un exorcisme pour confirmer ou infirmer que cette personne est possédée et ainsi lui apporter un vrai remède.

L'exorcisme a donc un effet diagnostique, c'est-à-dire qu'il permet de vérifier si les troubles dont souffre une personne sont d'origine maléfique. Chronologiquement, c'est le premier objectif à atteindre et ensuite on pourra parler du traitement. L'Église catholique demande des preuves avant de donner son accord pour réaliser un exorcisme. Ce qui est une aberration. Déjà, le démon se montre que lors de l'exorcisme, donc si l'on ne le réalise pas, on ne peut présenter des preuves de sa présence, sauf dans les cas les plus graves. Ensuite, un exorcisme n'a jamais fait de mal à personne, au contraire. Un exorcisme apaise, un exorcisme calme les esprits, un exorcisme permet de se recentrer sur sa spiritualité et donc d'obtenir une aide spirituelle pour nous donner la force de guérir, de combattre la maladie ou de l'accepter, de continuer d'avancer malgré les difficultés de la vie.

Bien sûr, toutes les embûches de la vie, toutes les maladies ne sont pas dues au démon. Tous ceux souffrant de maux divers ne sont pas possédés. Tous les schizophrènes ou tous ceux qui souffrent de troubles mentaux ne sont pas possédés. Seule une petite poignée de gens le sont. Mais ceux-là sont perdus dans la masse des autres, et on ne les remarque pas.

D'ailleurs, le démon ne veut pas qu'on les remarque, car, au moment de la délivrance, le démon est contraint de quitter le corps de sa victime et est précipité à une mort définitive. On imagine bien qu'il a tout intérêt à se cacher.

Il faut savoir que beaucoup de cas de possession diaboliques, d'obsessions ou encore de vexations diaboliques peuvent trouver une fin salvatrice avec des moyens de grâces ordinaires, comme la prière, les sacrements, la charité, le pardon des offenses, la confession...

Les protestants évangéliques ont fait quelque chose de bien dans ce domaine. Non seulement ils n'ont pas peur de pratiquer un exorcisme, mais il existe aussi, au sein des communautés, des groupes de prières, très efficaces, s'uniront à nos prières personnelles.

Dans les cas de possessions diaboliques très graves ou très ancrés par des années d'une vie de péché ou issus d'un maléfice très fort, l'exorcisme est la seule façon de libérer une victime.

Et j'insiste sur le fait que tout le monde croyant à Jésus-Christ et évoquant son nom peut réaliser des prières de libération. Mais, je défends de le faire sans protection, sans avoir à côté de vous quelqu'un qui connaisse ce domaine, qui a déjà réalisé des prières de libération, car le mal peut se retourner contre vous. Cela peut s'avérer très dangereux, car toute la colère du démon peut se retourner contre vous. Il attaquera sur vos points faibles, donc il faut être sûr d'être en parfaite adéquation avec sa pensée, de n'avoir pas fait quelque chose de terrible dans sa vie ou si c'est le cas de s'être confessé, de ne pas ressentir de ressentiment ni de colère… bref, il faut être clean. Et surtout, avoir une foi inébranlable, car le démon cherchera à la détruire.

Par contre, l'exorciste doit connaître les maladies mentales afin de faire intervenir un psychiatre au besoin. Mais, on ne peut demander à un exorciste d'être aussi instruit qu'un psychiatre dans le domaine des maladies mentales.

Les chefs charismatiques, les voyants, les médiums, les pranothérapeutes, les guérisseurs, les Tsiganes… disent pouvoir favoriser la délivrance. Dans la plupart des cas, ils arrivent à soulager la personne sans jamais la délivrer. Et le mal revient, car le démon est la source des maux, de la douleur.

Le charismatique est quelqu'un qui a reçu un don de l'Esprit-Saint, non pas pour que ce don serve à elle-même ou qu'elle en tire un quelconque profit, mais bien pour qu'elle se mette au service des autres. La personne qui reçoit le don est choisie par Dieu, non pas en fonction de sa sainteté, mais parce que Dieu l'a décidé ainsi. Par contre, il existe de nombreux charlatans dans ce domaine qui possèdent aussi un don reçu du démon ou qui ne possèdent aucun don et qui font croire le contraire.

Lorsqu'il s'agit d'un véritable charismatique, la plupart du temps, la personne vit intensément en se conformant aux Évangiles, est désintéressée, ne demande pas d'argent, n'a pas le désir de devenir millionnaire ou de s'enrichir grâce à son don, fait appel à des prières et non à des formules magiques, aux signes de la croix, à l'imposition des mains... et surtout, les résultats doivent être bénéfiques. C'est ainsi que l'on reconnaît le charlatan et le vrai charismatique.

Le charismatique peut guérir, même des maladies maléfiques. Lors de la guérison, le charismatique ne perd pas d'énergie, au contraire du guérisseur, car il n'est qu'un intermédiaire actif de la grâce. De même, il ne subit aucune réaction physique. Il n'est pas fatigué. De nos jours, on se méfie de ce genre de personnes. Elles sont même devenues gênantes. Donc, on préfère s'en éloigner.

Parlons un peu des voyants et des médiums, qui eux aussi ont reçu des dons. Les premiers voient les choses, les deuxièmes les sentent. Il arrive souvent que les exorcistes fassent appel à eux pour sentir une influence maléfique ou demander qu'ils s'unissent à lui dans la prière.

Certains voyants ou médiums, lorsqu'ils voient un possédé ou un vexé, éprouvent de suite un malaise. Dans certains cas, ils sentent le mal. Dans d'autres, ils décrivent le malheur qui a frappé la victime. Parfois, une photographie ou un objet appartenant à la victime permet d'obtenir le même résultat. Parfois, même, il leur suffit d'entendre la voix de la personne supposée possédée pour dire s'il y a bien une présence diabolique en elle.

Les voyants ou les médiums sont capables de dire, en entrant dans une maison, si elle est maléficiée ou sont capables de reconnaître un objet maléfique sous l'emprise d'un sort. Ils peuvent désigner dans quel oreiller se cache l'objet du sort. Ils parviennent, aussi, à dire avec une certaine précision l'âge auquel la personne a été frappée et la manière dont le maléfice a été exécuté. Et parfois, ils réussissent à en découvrir l'auteur.

Mais, le médium doit être quelqu'un de pieux. S'il fait payer son service, c'est qu'il a reçu son don de Satan. S'il est désintéressé, c'est qu'il a reçu son don de Dieu.

Les guérisseurs relèvent du paranormal. Par l'imposition des mains, ils réalisent un transfert d'énergie permettant de guérir le malade, au même titre que les médecins. Et tout comme eux, ils n'ont aucune influence sur les maux de nature maléfique. Leur nombre s'est multiplié ces dernières années, donc faites attention aux charlatans !

Le pranothérapeute, aussi appelé magnétiseur dans le langage courant, est une profession, car c'est ainsi qu'elle est décrite aujourd'hui, qui s'est aussi multipliée. Les magnétiseurs ont des cabinets sur rue et font payer des consultations. Sauf que beaucoup ne le sont pas ! Il n'existe que quelques pranothérapeutes qui sont désintéressés, qui ne recherchent pas le profit, qui ont la foi et mettent leur don au service des autres dans un esprit de charité pure. Il existe, aussi, une poignée de pranothérapeutes qui ont un don, c'est certain, mais reçu du démon, même à leur insu !

Parlons à présent des magiciens. Jésus nous a mis en garde contre ces personnes : « Car il s'élèvera de faux Christs et de faux prophètes et ils feront de grands prodiges et des choses extraordinaires jusqu'à séduire, s'il se pouvait, les élus mêmes. » (Mt 24,24)

Nous comprenons alors qu'il existe des magiciens qui ont reçu des dons démoniaques et qui s'en servent ! Ceux-là sont encore plus dangereux que la foule de faux magiciens, qui sont en fait des escrocs, dont le seul pouvoir est de vous soutirer de l'argent.

J'aimerais aussi vous parler des Tsiganes, car leur magie est puissante et j'ai beaucoup entendu dire, sans pouvoir le vérifier, que beaucoup ont des pouvoirs paranormaux. Ce sont surtout les femmes qui ont ces pouvoirs qu'elles se transmettent, de mère en fille, et cela depuis des siècles. Mais, cela reste des cas rares. Je ne sais pas grand-chose sur la magie tsigane, mais je sais qu'elle peut faire autant le bien que le mal. La Tsigane peut tout aussi bien délivrer une personne du mal ou lui jeter une malédiction.

Et je conclurai ce chapitre en disant que les charismatiques, les médiums ou les exorcistes sont souvent attirés par les solutions de guérison les plus rapides, surtout s'ils manquent d'expérience. C'est le propre de l'humain de choisir toujours les solutions les plus faciles qui s'offrent à lui. Mais, en faisant cela, ils laissent de côté les moyens habituels sacrés et tombent plus ou moins involontairement dans le piège de la magie. Il y a des prêtres qui exercent des méthodes à succès pour délivrer une personne de ses démons, mais qui sans le savoir, accomplissent des rituels magiques.

N'oubliez pas que le démon est malin et toujours prêt à promettre monts et merveilles si nous nous prosternons devant lui ! Et comme il est plus facile de faire le mal que le bien, il est donc facile de succomber au démon.

6.1.1) Le Rituel

Rien n'est plus fort que le pouvoir de la confession, car la confession arrache les âmes au démon lui-même. La confession est même plus forte que l'exorcisme qui est l'action de soustraire les corps au démon. Et l'on accroît encore plus la colère du démon en prêchant, car la foi naît de la parole de Dieu.

C'est pourquoi un prêtre qui a le courage de prêcher et de confesser ne doit pas avoir peur d'exorciser.

Léon Bloy dans son livre "Il Diavolo" nous dit que : « Les prêtres n'utilisent presque jamais leur pouvoir d'exorcistes, car ils manquent de foi et ont peur de se brouiller avec le Diable. ». Et cette phrase est d'autant plus vraie aujourd'hui. Peu de prêtres réalisent des exorcismes, car ils craignent les représailles du démon et oublient que le Malin nous fait déjà tout le mal dont il est capable de nous faire. De plus, ils réalisent une trahison directe du commandement du Christ, ce qui les plonge dans le péché et donc en fait des personnes qui peuvent être possédées.

Parlons un peu du Rituel. Comme vous vous en doutez, ce Rituel est tenu secret. Seuls certains prêtres ont accès à ce manuel. Par contre, vous pouvez trouver des prières de délivrance dans des ouvrages divers, comme "Le Livre Secret des Grands Exorcismes ses formules et ses applications" de l'Abbé Julio. Ce livre est en deux tomes et donne de bonnes indications pour lutter contre le Malin. On y trouve des prières, des psaumes, des indications pour purifier une habitation infestée, l'exorcisme de Léon XIII... et le grand exorcisme Rituel de l'Église Romaine.

L'Abbé Julio nous a livré un ouvrage d'une rare beauté. Les prières sont faites pour être dites et même si l'Église met le Rituel sous clé et défend aux prêtres de s'en servir pour éviter les abus, on peut les réciter, car les prières du Rituel sont sacrées et toutes puissantes. Toutefois, l'Abbé Julio nous met en garde en disant qu'il ne faut employer cet exorcisme qu'à défaut de tout prêtre et dans des cas graves, sérieux après avoir consulté un prêtre ou un pasteur, autrement on risquerait de voir retourner contre soi, sans aucun moyen de défense, les Puissances infernales que l'on veut chasser. Il faut aussi que celui qui prodigue l'exorcisme soit sans péché ou confessé de ses péchés, qu'il n'ait pas un secret malheureux enfoui à l'intérieur de lui, auquel cas le démon s'en servira contre lui.

Le Rituel de l'exorcisme débute par l'énumération des vingt-et-une règles que l'exorciste est tenu d'observer. Ces directives sont pleines de sagesse et permettent de mettre en garde le prêtre ou celui qui réalise l'exorcisme contre les manigances du démon. Ces règles permettent aussi de déterminer si l'on est devant un vrai cas de possession démoniaque et définit le comportement que l'exorciste doit adopter devant ce cas.

La première règle est l'interrogation : lorsqu'une personne se présente à l'exorciste, ce dernier commence par l'interroger afin de déterminer s'il existe des raisons valables pour l'exorciser. Cette phase est indispensable pour poser un diagnostic et détermine la suite. L'exorciste étudiera les symptômes et interrogera les proches de la personne supposée possédée.

Étudier les maux physiques donne une bonne indication sur le mal. En effet, si la victime se plaint de douleurs au niveau de la tête ou de l'estomac, on peut supposer une vexation.

Si le patient se plaint de maux de tête aigus et réfractaires aux analgésiques, s'il a fait un rejet brusque des études en étant plus jeune, si sa mémoire lui joue des tours, alors on peut supposer que l'on est en face d'un cas de possession démoniaque. Cela reste cependant une supposition.

L'autre point souvent touché est le col de l'estomac. Cette région peut être le siège de douleurs lancinantes et rebelles à tout traitement. Par contre, si le mal se déplace et affecte tantôt l'estomac, les intestins, les reins, la tête... sans qu'aucun médecin en comprenne la cause, alors on peut être sûr qu'il s'agit d'une possession démoniaque.

On peut aussi citer un autre symptôme caractéristique de la possession : l'aversion de tout ce qui est sacré. Si la victime n'arrive plus à prier alors qu'elle le faisait avant, si elle sent une grande colère lorsqu'elle est en présence d'un objet saint, si elle n'arrive plus à entrer dans une église, si elle blasphème... alors on peut suspecter une possession démoniaque. Attention, car une personne peut être possédée et arriver à entrer dans une église, car Satan n'a pas peur des églises. Elle sera révulsée par la croix, mais pourra assister à une messe, sans communier, sans prier, mais pourra y assister.

Très souvent le patient, ou toute une famille si elle est touchée, entend des bruits bizarres, voient des objets disparaître puis réapparaître à divers endroits. Il est aussi possible que l'on trouve, dans l'oreiller ou le matelas du possédé, toutes sortes d'objets curieux, comme des fils de couleur, des touffes de cheveux, des éclats de bois ou de métal, des couronnes, des rubans noués, des poupées, des figurines animales, des caillots de sang... Tous ces éléments prouvent que le patient est victime d'un sort.

À tous ces symptômes viennent s'ajouter des comportements asociaux et un dégoût profond à l'égard de leurs propres images.

Le Rituel mentionne plusieurs signes suspects, comme parler ou comprendre une langue étrangère, connaître des choses lointaines et secrètes, faire preuve d'une grande force musculaire. Mais, l'on est confronté à ce genre de manifestations que lors de l'exorcisme, car rappelez-vous, le démon se cache.

La plupart du temps, si une personne se retrouve devant un exorciste, c'est que la médecine a échoué et qu'elle a reçu tous les soins médicaux possibles sans pouvoir soulager ses maux (tête, ventre...). Le mal est déjà bien installé et dure pendant plusieurs années. Ce qui va engendrer une difficulté supplémentaire pour l'exorciste de parvenir à la délivrance.

Comme je l'ai dit, seul un prêtre peut réaliser un exorcisme. Par contre, un pasteur, par exemple, peut réaliser des prières de délivrance ou des bénédictions. Ce terme bénédictions est valable pour les catholiques et les protestants. De même, on désignera la présence du Malin, une fois établie, par le terme négativité.

Le Rituel complet comprend de grandes prières d'introduction, des litanies, suivies de trois exorcismes différents, complémentaires et respectant une progression logique vers la délivrance, le tout en latin. On peut trouver des traductions, notamment dans le livre de l'Abbé Julio, mais les prières dites en latin sont beaucoup plus efficaces.

On commence par la litanie des Saints, puis du Notre-Père, du Psaume 53, la lecture du saint Évangile selon Saint-Jean en se signant, la lecture du saint Évangile selon Saint-Marc (16,15), la lecture du saint Évangile selon Saint-Luc (10,17 et 9,14).

Puis, on récite les paroles du premier exorcisme en disant « Je t'exorcise, Esprit très impur... » C'est un passage très long où l'on fait une croix, avec de l'huile exorcisée, sur le front de la victime, où l'on se signe, où l'on implore Jésus-Christ de délivrer la victime. Les paroles sont très puissantes. Il y a des répliques qui doivent être dites par un membre de la famille très pieux ou par un prêtre assistant. Cet exorcisme est suivi de deux autres tout aussi puissants. L'emploi de l'huile accroît l'efficacité des paroles.

On termine par les prières « Je vous Salue Marie » et « Je crois en Dieu », le Cantique de la bienheureuse Vierge Marie (Luc, J, 46), le Cantique de Zacharie (Luc, J, 68), le symbole de saint Athanase, le Psaume 90, le Psaume 67, le Psaume 69, le Psaume 53, le Psaume 117, le Psaume 34, le Psaume 30, le Psaume 21, le Psaume 3, le Psaume 10, le Psaume 12 et enfin la prière finale.

Le Rituel entier est très long, par contre on peut le moduler. Par exemple, le premier exorcisme doit être court. On commence par une prière d'introduction et l'un des trois exorcismes, généralement le premier, car il offre l'occasion de procéder à la sainte onction. Le démon tentera de se cacher, il évitera d'être découvert pour ne pas être dévoilé. Cependant, cet exorcisme le forcera à se montrer. Et l'onction ne fera que l'agacer et le forcera d'autant plus à se montrer.

Le Rituel ne précise pas la position que l'exorciste doit adopter. Certains restent debout en face de la victime, d'autres s'asseyent, d'autres se tiennent derrière la victime ou à la droite ou à la gauche. En se tenant devant ou derrière elle, l'exorciste, alors qu'il prononce la phrase « Ecce crucem Domini » peut poser un pan de son étole sur le cou de la victime et placer sa main droite sur sa tête.

Le démon est aussi très sensible des sens, et surtout de la vue. L'exorciste peut donc poser deux doigts sur les yeux de la victime et soulever les paupières à certains moments de la prière. En cas de présence maléfique, les yeux de la victime sont révulsés.

Contrairement à ce que l'on peut voir dans certains films traitant du sujet, les démons ne sont pas bavards. Au contraire, ils parlent très peu. Il faut les forcer et ils ne le font que dans les cas les plus graves. Cependant, parfois ils peuvent se montrer spontanément bavards, ce qui est une ruse destinée à déstabiliser l'exorciste, pour ne pas répondre aux questions utiles.

L'exorciste doit interroger le démon, mais doit s'en tenir aux règles décrites dans le Rituel : il faut poser des questions utiles et rien que des questions utiles. Il ne faut jamais poser une question dans son propre intérêt. Notamment, il faut demander le nom du démon, s'il y a d'autres démons dans le corps de la victime (il s'agit alors d'une possession multiple) et si oui combien sont-ils, comment le démon est entré dans le corps de la victime et quand en sortira-t-il. Si la présence du démon est due à un maléfice, on demandera comment ce maléfice a été réalisé.

Si la personne a mangé ou bu des substances maléfiques, elle doit les vomir. Dans ce cas-là, la victime régurgite une sorte de bouillie blanchâtre.

Si un charme quelconque est caché, il faut se faire dire où il se trouve afin de le brûler en prenant toutes les précautions nécessaires (prières, eau bénite...).

Au fur et à mesure des exorcismes, le démon peut se manifester par petites touches ou sous forme d'une explosion brusque. C'est à l'exorciste (c'est pourquoi il doit être expérimenté) de déterminer s'il s'agit d'une possession, d'une vexation ou d'une obsession.

Voici un critère pour le déterminer :

Si au cours des exorcismes, la personne entre complètement en transe, de sorte que le démon s'exprime par sa bouche ou prend le contrôle de ses membres et si la personne ne se souvient de rien, alors il s'agit d'une possession démoniaque.

En revanche, si la victime présente certaines réactions attestant d'une attaque démoniaque, mais qu'elle ne perd pas conscience pendant les exorcismes et se rappelle ce qu'il a été fait ou ce qu'elle a fait, il s'agit d'une vexation diabolique. Le démon ne s'est pas encore établi de façon permanente à l'intérieur de la victime, mais il provoque des troubles physiques et psychiques.

Le Rituel comporte une bénédiction spéciale pour les vêtements. Cela peut être un bon moyen pour déterminer si un individu est victime d'une présence maléfique. On prépare des vêtements qui ont été bénis comme prescrit par le Rituel et l'on fait en sorte que la personne les porte. Si elle se les arrache violemment comme si ses habits la brûlent, alors on a affaire à une présence maléfique.

Dans la même idée, on peut aussi faire boire à une personne que l'on suspecte d'être sous l'emprise d'un démon de l'eau bénite. Quelques gouttes dans un café ou dans un verre d'eau suffisent. Si la personne dit que le café a un très mauvais goût après l'avoir bu, c'est que nos craintes sont peut-être réelles.

Ces tests ne sont révélateurs que dans les cas positifs, lorsqu'une personne est sous l'emprise d'un démon. Le raisonnement inverse est faux, c'est-à-dire que le fait qu'un individu ne réagisse pas à ces pièges, ne permet pas de dire qu'il n'est pas une victime du Malin. Rappelez-vous, le démon fait tout pour ne pas être découvert.

Donc, l'exorcisme a deux objectifs :

- Diagnostiquer le mal

- Libérer les possédés.

Il est entendu qu'avant de passer à l'acte, l'exorciste interroge la victime ainsi que sa famille et ses amis afin de déterminer si toutes les conditions nécessaires à la réalisation de l'exorcisme sont réunies, à savoir si la famille et les amis vont soutenir la victime. Il procède à un interrogatoire de la victime et de ses proches afin de déterminer quand le mal a débuté et comment il se manifeste... cela dans le but de distinguer s'il a affaire à un maléfice, à un sort ou si la victime a fait du spiritisme ou à assister à des messes noires par exemple.

Les signes avant, pendant et après l'exorcisme ainsi que l'évolution des signes au cours des différents exorcismes sont tous très importants. Il est d'autant plus important de les noter dans un carnet. Ces signes donneront une bonne indication quant au démon à qui l'exorciste a affaire et aussi si la victime est proche de la délivrance. En effet, s'il y a une baisse progressive de ces signes, c'est que la victime est proche de la délivrance. S'il y a une manifestation croissante de ces signes, revêtant parfois des aspects inattendus et imprévisibles, cela signifie que le mal est en train de surgir et qu'il ne régressera pas tant qu'il n'aura pas totalement émergé.

Si au cours du premier exorcisme, des signes apparaissent, il faut prolonger le temps nécessaire à leur révélation, même si le premier exorcisme doit cependant rester très bref. Il se peut aussi qu'aucun signe n'apparaisse lors du premier exorcisme. Toutefois, si la personne dit ressentir des effets, alors l'exorciste poursuivra son travail.

Le démon se manifeste de différentes manières. Le Rituel définit trois signes comme étant les symptômes d'une possession démoniaque :

- Parler des langues inconnues

- Posséder une force surhumaine

- Connaître des choses cachées

Ces trois signes se manifestent toujours pendant un exorcisme, jamais avant. D'où l'utilité de réaliser un exorcisme !

Parfois, il n'est pas possible d'établir un diagnostic sûr. Il y a des cas très difficiles, des patients présentant à la fois des troubles psychiques et des troubles maléfiques. Il faut donc associer l'action de l'exorciste à celle du psychiatre.

Pour arriver à une délivrance, il est indispensable que la victime soit consentante et qu'elle participe au sacrement. Or, bien souvent, elle en est empêchée. C'est là que l'entourage de la victime est très important. Il arrive que cette dernière loupe délibérément un rendez-vous si elle n'est pas forcée de s'y rendre. La victime doit aussi beaucoup prier, même si parfois elle n'y arrive pas. Alors sa famille doit prier pour elle. Elle doit aussi communier, même si cela est au-dessus de ses forces. Elle doit lutter contre le démon qui l'habite, c'est primordial pour arriver à une délivrance.

On ne sait pas de combien d'exorcisme aura besoin une victime pour être délivrée. C'est le Seigneur qui libère, c'est Lui qui choisit. C'est évident qu'il tient compte des prières ainsi que de la volonté de la victime de vouloir guérir. Mais, d'une manière générale, on peut dire que le temps nécessaire à la libération dépend de la force initiale de la possession diabolique et du temps séparant la possession de l'exorcisme. La foi de l'exorciste et celle de la victime sont aussi très importantes. De même que les prières des proches ainsi que d'autres personnes comme les communautés paroissiales, les groupes de prières, les religieuses. L'emploi de sacramentaux, eau exorcisée, sel exorcisé, eau bénite, huile exorcisée... est aussi très utile. La conduite de vie conforme aux Évangiles est aussi très importante. Le pèlerinage aux sanctuaires (qui sont des lieux choisis par Dieu) s'avère aussi très utile, comme l'emploi du rosaire et le recours à la Sainte-Vierge, aux anges et aux saints. Il est aussi apaisant l'emploi d'images saintes sur la victime ou de médailles, ainsi que sur le lieu d'habitation. Ces objets saints, surtout mis à l'entrée de la maison du possédé, dans sa chambre, dans la pièce à vivre... permettent de protéger la victime.

L'efficacité d'un exorcisme dépend aussi de l'humilité de l'exorciste. Surtout, lorsque la victime est proche de la délivrance et que l'exorciste et cette dernière sont soumis à de rudes épreuves de découragement.

6.1.2) Comment se comporte le démon

Tout d'abord, sachez que l'on ne rencontre pas deux cas identiques, car le comportement du démon est varié et imprévisible.

On sait que le démon fait tout pour ne pas être découvert, il parle peu et cherchera tous les moyens de décourager sa victime ainsi que l'exorciste. Cependant, on peut noter quatre phases :

-       Avant sa découverte

Le démon provoque des maux physiques et psychologiques. La victime cherchera l'aide des médecins sans jamais parvenir à être soulagée. Les médecins ne trouveront aucun diagnostic. C'est le début d'un long traitement, toujours inefficace, avec la prise de médicaments variés.

N'arrivant à aucun résultat, le patient change plusieurs fois de médecins en accusant ces derniers de ne rien comprendre à sa maladie, de le laisser pour compte.

Le traitement des troubles psychiques est plus complexe. Souvent, les spécialistes ne les remarquent pas et la victime passe pour une obsédée ou une dingue aux yeux de sa famille. La victime est incomprise, voire rejetée. Et ces personnes, ne trouvant plus aucune solution, se tournent alors vers des guérisseurs, des sorciers ou des magiciens, ce qui va empirer son mal, ses douleurs, ses troubles psychiques. C'est très rare lorsque l'on s'adresse directement à un prêtre.

Notons que la victime continue à travailler, à sortir, à manger... bref a une vie plus ou moins normale, malgré les douleurs qui l'assaillent, car l'action du démon passe par des phases de repos plus ou moins longues.

Sachez que le démon est fourbe, il cherchera toujours à dissimuler sa présence. Il peut causer des symptômes d'une maladie, la plupart du temps psychiques, et faire croire que sa victime souffre d'une maladie naturelle.

- Pendant les exorcismes

Le démon est forcé de se montrer. Il le fera par petites touches ou d'une manière très brutale. Le démon peut révéler toute sa force dès la première ou deuxième bénédiction, mais cette manifestation peut être progressive. Il y a des victimes qui présentent, à chaque exorcisme, de nouveaux troubles. Le démon réagit de façon très diverse aux prières et aux injonctions. Il s'efforce de se montrer indifférent, alors qu'en réalité il souffre et que cette souffrance ne cesse d'augmenter au fur et à mesure des prières.

Certains possédés demeurent immobiles et silencieux et ne réagissent qu'avec leurs yeux qui se révulsent alors que d'autres hurlent, se débattent. Il convient alors de les maintenir pour les empêcher de se blesser ou de blesser ceux qui assistent l'exorciste. Car il est rare que le démon s'attaque à l'exorciste. Le Père Amadio a raconté qu'un jour, alors qu'il exorcisait un homme, le démon s'est levé et lui a asséné une violente gifle. Sauf que le prêtre n'a pas senti la gifle, tout juste un courant d'air froid et une caresse sur sa joue.

D'autres encore gémissent, surtout lorsqu'on leur applique l'étole ou lorsque l'on fait le signe de croix sur leur front avec de l'huile exorcisée ou lors de l'aspersion d'eau bénite.

Il est important que le démon dévoile son nom, car cela est une défaite et la preuve qu'il recule. Si le démon a un nom biblique (Satan, Belzébuth, Asmodée...), il s'agit d'une affaire très compliquée, plus dure à gérer et à contrôler.

Si l'on est en présence d'une possession multiple, il faut que le chef des démons à l'intérieur du corps de la victime donne son nom. C'est lui qui partira en dernier.

La force de la possession démoniaque résulte aussi de la réaction du démon aux noms sacrés. En règle générale, le Malin ne peut prononcer les noms de Jésus-Christ ou de la Vierge par exemple. Il remplacera ces noms par d'autres expressions, comme ton chef, ta patronne. Par contre, quand la possession est forte et le démon de haut rang, il est possible qu'il prononce ces noms sacrés, mais toujours en les accompagnant de blasphèmes.

Le Rituel suggère, lors de l'exorcisme, de demander le nom du démon, depuis combien de temps il est dans le corps de sa victime et comment y est-il arrivé. Mais, le démon est le prince du mensonge. D'un naturel peu bavard, il peut se mettre à parler pour induire l'exorciste en erreur. Il peut accuser des proches de la victime pour faire naître les querelles. C'est pourquoi les réponses du démon doivent être étudiées avec soin. Il arrive, lorsque le démon est affaibli et proche de la défaite, qu'il dise la date de sa sortie sans pour autant tenir ses engagements.

Lorsque le démon parle, souvent il dit ce genre de phrase, en s'adressant à l'exorciste, dans le but de l'effrayer et s'il réussit son projet, il aura gagné : « Tu ne peux rien faire contre moi ! », « C'est chez moi ici, j'y suis bien et j'y reste ! », « Tu es en train de perdre ton temps ! », « Je te dévorerai le corps ! », « Cette nuit, la peur t'empêchera de fermer les yeux ! », « Je me glisserai dans ton lit comme un serpent ! »...

L'exorciste ne doit pas l'écouter et surtout ne pas montrer qu'il a peur, car cela signera sa perdition. Il doit montrer qu'il ne le craint pas, car il a foi en Jésus-Christ, en son pouvoir. Alors, le démon ne pourra l'atteindre.

Pendant l'exorcisme, un prêtre expérimenté trouvera toujours un point faible au démon. En effet, certains démons ne supportent pas l'étole au niveau des parties endolories, d'autres craignent le souffle de l'exorciste sur le visage de la victime, d'autres encore c'est l'aspersion d'eau bénite qui les fait souffrir. L'exorciste doit repérer ce point faible et s'en servir à son avantage. Certaines phrases, certaines prières, certains noms saints peuvent aussi engendrer une violente réaction du démon ou l'affaiblir. Il faut alors insister sur ces prières ou ces paroles, les répéter en boucle, comme le recommande le Rituel.

Et bien sûr, une dernière chose, il est recommandé qu'un médecin ou un psychiatre assiste à l'exorcisme. Cela n'est pas toujours possible malheureusement.

Pendant les exorcismes, le démon cherchera toujours à dissimuler sa présence. Le Rituel met d'ailleurs en garde l'exorciste sur les ruses du démon. Il peut feindre d'être sorti du corps de sa victime, cesser de lui causer des troubles pendant un certain temps et ainsi se soustraire aux séances d'exorcisme. Il peut fournir des réponses stupides aux questions de l'exorciste, des réponses indignes d'un esprit intelligent tel que lui et faire croire que sa victime souffre de troubles psychiques.

Il peut aussi empêcher sa victime de se rendre aux séances. Il peut s'agir d'obstacles physiques, mais le plus souvent psychiques, qui vont empêcher la victime de se déplacer jusqu'à l'exorciste. Il peut aussi provoquer des rêves chez sa victime ou des visions durant lesquelles elle verra le Seigneur ou la Vierge-Marie lui annoncer sa guérison, alors qu'il n'en est rien. Ainsi, la victime, se croyant délivrée, ne se rendra plus aux séances d'exorcisme.

D'où l'importance des sacramentaux (eau bénite, huile exorcisée...) qui serviront à déjouer les ruses du démon et le forceront à se montrer. Et ces ruses sont nombreuses, entre les victimes qui entendent des voix, d'autres qui ont des visions, d'autres encore qui pensent être délivrées et qui croient recevoir un don de voyance... les cas comme ceux-là sont légion.

-       Près de la délivrance

C'est la phase la plus délicate de l'exorcisme. Et elle peut durer très longtemps. C'est la phase où le démon montre qu'il a perdu une partie de ses forces, mais où aussi il tentera de déjouer toutes les ultimes attaques.

La victime qui souffre de maux divers verra son état se détériorer. Le démon maltraitera son corps, jusqu'à ce qu'il n'ait plus de forces. Alors seulement, au moment où la victime n'en peut vraiment plus, son état s'améliorera. Bien sûr, les choses ne se passent pas toujours ainsi, mais c'est le cas le plus fréquent.

Le démon exprime son désespoir par des phrases diverses : « Je meurs, je meurs ! », « Je n'en peux plus ! », « Ça suffit, vous me tuez ! », « Tous les prêtres sont des assassins ! ».

On l'aura compris, le démon est à bout de forces et son discours n'est plus le même qu'au début des séances d'exorcisme. Il souffre et inflige beaucoup de souffrances à sa victime. Parfois, il en vient même à avouer qu'il souffre moins en enfer.

Il faut tenir compte aussi d'un autre facteur : il faut savoir que le démon qui est proche d'être expulsé va communiquer ses propres sentiments à sa victime. Cette dernière sera dans un état d'épuisement intolérable et un état tel de désespoir qu'elle ne pourra se défendre et cherchera à mourir. C'est là que c'est très délicat, car pour l'aider, l'exorciste et les proches de la victime devront la soutenir et rester vigilants. La victime va croire devenir folle, va tenter de mettre fin à ses jours, ne verra plus aucune issue à ses souffrances que la mort.

Pour le possédé aussi les exorcismes sont éprouvants et il est important, lorsqu'il est dans cette phase de délivrance, que des proches l'accompagnent aux rendez-vous avec l'exorciste, sinon il n'irait pas tellement cela lui est intolérable.

Parfois, le démon cause des troubles physiques et surtout psychiques qu'il faut soigner par voie médicale après la délivrance. Mais, les guérisons complètes, sans séquelles, sont parfois possibles.

-       Après la délivrance

Lorsqu'il quitte le corps de sa victime, le démon est, la plupart du temps, voué à l'enfer, quelquefois attaché dans le désert. Souvent, l'exorciste l'oblige à se rendre au pied de la Croix pour connaître sa destination, car Jésus-Christ est le seul juge.

Pour éviter une rechute, il est très important que la personne délivrée du démon continue à prier et tienne son engagement de mener une vie chrétienne. Une bénédiction de temps à autre est aussi la bienvenue. Car, les rechutes ne sont pas rares. Le démon peut attaquer à nouveau, peut essayer de revenir.

Cette phase de consolidation est indispensable pour rendre la délivrance possible. Et comme il est dit dans l'Évangile de Saint-Matthieu : « Le démon revient accompagné de sept esprits pires que lui et si la victime favorise sa rechute par l'abandon de la prière et par l'instauration d'un état de péché habituel, la situation ne fait qu'empirer. » (Mt 12,43-45)

Ce fut d'ailleurs le cas pour Maurice Thiérault. Ce pauvre homme a été exorcisé et après la délivrance, l'évêque lui a donné toutes les recommandations possibles. Mais, il n'a pas suivi ces recommandations et sept ans plus tard, le démon l'a à nouveau possédé.

Je terminerai ce chapitre en disant que la collaboration du patient est fondamentale dans le processus de délivrance. Une victime qui ne veut pas être délivrée ne peut l'être. Il faut qu'elle le demande. Les exorcismes n'engendrent que 10 % des effets, alors que la victime fait les 90 % restants en priant, en fréquentant les sacrements, en allant à la messe, en faisant prier les autres...

Il faut avant tout que la victime prie pour soi-même avec ferveur, même si cela lui est parfois insupportable. Il faut que la prière devienne habituelle.

Prenons par exemple le cas d'un drogué. Il peut guérir de son addiction à condition d'être aidé et de collaborer efficacement à son rétablissement en fournissant des efforts personnels. Il souffrira, mais il devra tenir bon pour ne pas replonger dans l'enfer de la drogue. Pour la personne possédée, c'est la même chose. Elle devra être entourée de ses proches, soutenue, mais devra aussi fournir des efforts personnels. C'est son combat, pas celui de l'exorciste qui n'est qu'un intermédiaire.

6.1.3) Les moyens de l'exorciste

L'exorciste dispose de différents moyens pour contrer le démon. Citons l'eau exorcisée, l'eau bénite, l'huile (de préférence l'huile d'olive) exorcisée, le sel exorcisé.

N'importe quel prêtre peut réciter les prières du Rituel pour exorciser l'eau, l'huile ou le sel. Ces trois sacramentaux utilisés avec foi semblent très efficaces contre le démon.

- L'eau bénite

Elle occupe une place centrale dans tous les rites liturgiques. Son importance est due à l'aspersion baptismale.

Dans la prière, l'aspersion d'eau bénite procure le pardon des péchés, la défense des pièges tendus par Satan et le don de protection divine.

Dans l'exorcisme, l'eau bénite amoindrit, voir élimine, le pouvoir du démon. On peut la boire.

Et concrètement, l'eau bénite permet de guérir les malades, d'accroître la grâce divine, de protéger les habitations du Malin, de déjouer ses pièges.

- L'huile exorcisée

Si elle est utilisée avec foi, elle permet d'anéantir la puissance des démons et leurs attaques.

L'huile exorcisée, de préférence d'olive, permet aussi de préserver la santé de l'âme et du corps. D'ailleurs, il y a longtemps, on enduisait les blessures d'huile exorcisée pour les guérir. Et cela fonctionnait plutôt bien.

La victime du démon, pour se libérer, doit évacuer de son organisme tout ce qui est maléfique. L'huile exorcisée aide à réaliser ce processus de libération et aide à purifier l'organisme de toutes les impuretés démoniaques. On peut donc avaler de l'huile exorcisée ou s'en servir pour cuisiner. Cela ne fera pas de mal à l'organisme, bien au contraire.

Lors de la libération, le corps expulse, par la bouche, une sorte de bouillie blanchâtre, de la salive épaisse ou des objets variés, comme des clous, des morceaux de verre, de petites poupées en bois, des caillots de sang. C'est la présence maléfique qui sort du corps de sa victime. Et l'huile exorcisée aide à arriver à ce résultat. Parfois, ces choses sont expulsées par voies naturelles.

À noter que cela ne provoque jamais de dommages à l'organisme, même lorsqu'il s'agit de morceaux de verre très coupants. Au contraire, la victime en est même soulagée.

Il y a des cas où l'expulsion de ces objets demeure un mystère. La victime, par exemple, éprouve une grande souffrance, une douleur abdominale atroce, puis elle est soulagée et un objet (clou, verre, poupée...) se matérialise près d'elle ou par terre, avec l'impression que cet objet se matérialise au moment même où il est expulsé du corps de la victime. C'est très impressionnant comme phénomène.

-       Le sel exorcisé

Le sel exorcisé est aussi utilisé lors de l'exorcisme.

Sa propriété spécifique est de protéger les habitations des influences maléfiques. En répandre sur le seuil d'une maison et aux quatre coins d'une pièce soupçonnée être infestée permet de réduire le phénomène paranormal.

Bien sûr, pour que cela fonctionne, il faut y croire. Ceux qui l'utilisent avec foi obtiennent des résultats inespérés.

L'encens bénit

L'encens brûlé permet de protéger les habitations. Il est même très efficace dans ce domaine. De tout temps, l'encens a été considéré comme un antidote contre les esprits démoniaques et comme un moyen pour louer une divinité.

6.2) Vivre selon les principes évangéliques

Le fait de prier, d'aller se confesser, de suivre les sacramentaux, de vivre humblement, de ne pas rechercher la richesse matérielle, mais la richesse spirituelle, de croire au Seigneur... fera fuir le démon. Il n'osera pas s'attaquer à vous. Bien sûr, il cherchera à vous tenter, afin de vous faire pécher, mais ne pourra pas vous posséder.

Il y a plusieurs choses dans les principes établis par l'Église que le démon fuit :

- La confession

La confession des péchés est un acte tellement spirituel que le démon le fuit. Confesser ses péchés consiste à prendre conscience de ses péchés et donc de demander le pardon. Je dirai même que la confession a tout autant de valeur presque que l'exorcisme.

Tout le monde a le droit de faiblir, tout le monde a le droit de se montrer envieux envers son voisin qui a une plus belle voiture que nous, tout le monde peut ressentir de la haine envers une personne… c'est humain. Le tout est d'en prendre conscience et de confesser ces pensées pour qu'elles ne nous détruisent pas.

La confession a un effet salvateur, en ce sens que l'on s'adresse au prêtre qui peut nous conseiller spirituellement. En ce sens aussi qu'elle libère notre conscience d'un poids. Et là, le démon ne peut plus attaquer.

Dans notre monde actuel, il est difficile de ne pas pécher au sens biblique du terme. Tout n'est que tentation. Les publicités, les médias… tout est fait pour que l'on consomme. Tout est fait pour que l'on se dise que c'est normal de dénuder une jeune femme pour faire la promotion d'un parfum, que c'est normal d'affamer une femme au nom de la mode, que c'est normal de dépenser 100 000 euros pour une voiture alors qu'il y a des gens qui meurent de faim, que c'est normal de mettre des animaux dans un zoo, rien que pour notre plaisir, que c'est normal de gaver des oies pour obtenir du foie gras… et je pourrais multiplier les exemples.

Avec internet et la télévision, la violence et le sexe ont été banalisés. Alors que l'argent et le pouvoir ont été valorisés. Et tout le monde se complaît dans cette vision des choses. Il faut prendre conscience de ce phénomène afin de ne pas être tenté de faire comme tout le monde justement ! Et si cela arrive, il faut en prendre conscience et aller se confesser.

- Le pardon des offenses

La violence est toujours gratuite. Le jeune qui roue de coups une vieille dame pour 20 euros est un acte gratuit. Le cambrioleur qui entre chez vous par effraction et qui saccage votre maison est un acte gratuit. La collègue du bureau qui répand une fausse rumeur sur votre compte est un acte gratuit. Un membre de votre famille qui abuse de votre confiance est un acte gratuit.

Le monde est violent. Partout des agressions, des viols, des meurtres, des vols, des injustices. Tout cela est même devenu banal.

Et si l'on est victime d'un tel acte, il est normal que l'on ressente de la colère, du ressentiment, de la haine. Sauf que ces sentiments mènent souvent à d'autres violences, à d'autres actes abominables. Dans ces cas-là, le démon aura gagné.

Par contre, si vous pardonnez à ceux qui vous ont fait du mal, le démon ne peut plus vous atteindre, il ne peut plus gonfler votre haine, ne peut plus attiser votre colère. Le pardon des offenses est un acte très dur, sinon le plus dur, à réaliser.

On doit pardonner à celui qui nous a fait du mal. Il faut beaucoup de courage pour arriver à le faire !

Et pourtant, pardonner, c'est s'acheminer vers l'indifférence, et l'indifférence, c'est la fin de toute souffrance. Ressasser les rancœurs n'apporte que le malheur. Vous ne pouvez pas être heureux si vous ressentez de la haine ou du ressentiment pour quelqu'un. Le meilleur moyen de tourner la page est d'aller se confesser et d'arriver au pardon. Laissez Dieu se charger de votre agresseur, de celui qui vous a fait du mal. Ne dit-on pas que la roue tourne ? Et la roue tourne toujours. Il arrivera forcément un malheur à celui qui est la cause de votre malheur. Mais il ne faut pas que vous soyez la cause de ce malheur, sinon cela vous retombera automatiquement dessus. Et surtout, ne pardonnez pas en priant qu'il arrivera malheur à celui qui vous a fait du mal. Ce n'est pas sincère.

Celui qui a été délivré du démon devra pardonner à ses ennemis, à ceux qui lui ont envoyé le sort ou le maléfice, à ceux qui lui ont fait du mal. C'est le précepte évangélique le plus dur à réaliser, pardonner à ceux qui ont envoyé le maléfice et qui continuent à l'envoyer. Un pardon sincère, une prière à leur adresse et mieux encore, la célébration d'une messe en leur faveur, sont des moyens qui ont déjà permis de débloquer des situations délicates et d'arriver à la délivrance.

- Le repentir

Si notre faiblesse nous fait parfois tomber, nous devons nous relever immédiatement grâce à ce formidable moyen que la miséricorde divine nous a accordé qu'est le repentir.

Nous sommes tous des pécheurs.

« Qui celui qui n'a jamais péché me jette la prière pierre »

Cette phrase est sublime, car personne n'est tout blanc ou tout noir. On est tous gris, car nos sentiments, nos envies... nous nuancent. Et nous avons tous péché et nous pêcherons encore. Simplement, il faut savoir se repentir. Se dire que l'on a été faible, et demander le pardon au Seigneur. Et à l'occasion, aller se confesser.

Le repentir est aussi une arme redoutable contre le démon.

- La prière

La prière est très salvatrice, elle fait du bien, libère l'esprit, apaise.

Vous pouvez prier n'importe où, peu importe l'heure. Il suffit de croire en la force de la prière.

Si vous n'êtes pas croyants, si vous ne croyez pas en Dieu, alors normalement vous ne devez pas croire au diable. Malgré cela, vous pouvez vivre en respectant des valeurs humaines, comme le respect, rester humble, la générosité, la franchise... C'est déjà une bonne chose.

6.3) Exorciser les maisons

Si je me réfère au Rituel et à la Bible, il n'existe pas de prières concernant les habitations. Le père Amorth, dans son ouvrage "Un Exorciste raconte", nous confie n'avoir jamais vu d'endroits hantés ou possédés, comme on peut le voir assez souvent dans les films ou les romans.

Par contre, il est vrai que l'on peut souvent être confronté à des bruits, des craquements, des apparitions, des odeurs, des coups frappés dans les murs dans un endroit où il y a un possédé. De même, le possédé ou celui qui est victime de vexation ou d'obsession peut se sentir oppressé ou avoir l'impression d'être fixé ou touché. Les attaques démoniaques sont fréquentes lors du sommeil.

Ces manifestations, certes terrorisantes, peuvent être liées à la suggestion, au fait que l'on se persuade que sa maison est hantée et donc, inconsciemment, on crée ce genre de phénomène. En d'autres termes, on imagine et l'on invente des choses qui n'existent pas, ce qui engendre la peur. D'ailleurs, la peur est aussi un facteur qu'il faut prendre en compte. N'avez-vous jamais entendu des bruits suspects après avoir visionné un film d'horreur ? Bizarrement, tous les sons provenant du bois qui craque, du vent, de la tuyauterie… bref tous les bruits qui sont normaux d'habitude deviennent subitement anormaux.

Mais, il y a des cas complexes. Des portes qui s'ouvrent et se ferment à une heure donnée, des pas qui résonnent dans les couloirs ou dans une chambre, des objets qui se déplacent, changent de place ou disparaissent pour réapparaître dans des lieux insensés, des cris d'animaux, la matérialisation d'insectes, de chats, de crapauds, de serpents, de scorpions… Ce sont des signes d'une infestation maléfique.

La plupart du temps, un esprit maléfique se manifeste en créant des troubles physiques, comme des insomnies, des maux de tête ou d'estomac, des malaises. Mais il se peut qu'il se manifeste d'une autre manière, en faisant du bruit, en se matérialisant sous forme d'animaux. C'est l'infestation démoniaque qui conduit, si l'on n'y fait rien, à l'obsession puis à la vexation et enfin à la possession.

Lors d'une de leurs nombreuses enquêtes, les Warren se sont rendus auprès de la famille Smurl qui était confrontée à des phénomènes surnaturels. Cette pauvre famille était harcelée par un démon qui se manifestait en se matérialisant, en donnant des coups dans les murs… Et même en grognant comme un cochon. Ce démon n'était pas attaché au lieu, mais bien à l'un des membres de la famille Smurl.

Lorsqu'une personne est angoissée par ce type de phénomène, la première chose à faire, pour l'exorciste, est de bien se renseigner sur les troubles et, s'il y a lieu, d'exorciser cette personne. Car souvent, on n'obtient aucun résultat en exorcisant les maisons, car le démon s'attache à une personne et non à une demeure. Des exceptions sont parfois possibles.

C'est pourquoi, l'Abbé Julio, dans son ouvrage "Le Livre Secret des Grands Exorcismes, ses formules et applications ", nous donne la marche à suivre pour bénir une maison. Pour l'Abbé Julio, il existait un exorcisme pour les maisons. Il nous dit qu'avec la permission de Dieu, les âmes des défunts peuvent revenir, se manifester et entrer en communication avec nous, cela toujours avec de bonnes intentions. Si c'est le cas, inutile d'exorciser un lieu. De même, les anges aussi peuvent se manifester. Mais si les bons esprits viennent, les mauvais esprits arrivent encore plus. Souvent, ils prennent l'apparence des bons pour mieux nous tromper.

Sachez qu'une apparition insolite doit nous paraître suspecte. Les bons esprits ne s'offusqueront pas de cette précaution, car ils savent combien le Malin peut être fourbe. Au contraire, c'est faire preuve d'intelligence que de se poser des questions si l'on voit un jour son grand-père décédé apparaître devant nous et nous délivrer un message.

Si l'apparition crée des troubles, si elle se met à faire des bruits dans le but de nous faire peur, il s'agit alors d'un démon. Et même si cette apparition a pris l'apparence d'un membre de votre famille décédé, il ne peut s'agir que d'un démon. Il faut alors prendre des précautions, car c'est le début de l'infestation démoniaque. Il se peut aussi que l'âme qui apparaît appartienne à Satan. Ce sont des âmes perverties, comme on les appelle. Ce sont des hommes qui ont donné leur âme au diable en échange d'une faveur.

Voici quelques conseils pour reconnaître si l'on est en présence d'un mauvais esprit :

-       Si l'esprit prend la fuite en présence de la croix ou du signe de la croix ou de l'eau bénite, s'il prend la fuite lors de l'évocation des noms de Jésus-Christ, de Marie ou d'un saint, alors c'est un esprit démoniaque. De même, si les bruits cessent alors que vous évoquez le nom de Jésus-Christ, alors c'est un esprit impur. S'il se détourne ou se moque de la croix, de l'eau bénite… c'est aussi un démon.

-        Si l'esprit donne une raison menteuse ou perverse de sa présence, c'est un démon.

-        Si l'esprit dit quelque chose contre la foi ou contre les Saintes Écritures ou les Églises (catholiques, protestantes…) ou s'il demande que vous fassiez quelque chose qui va à l'encontre de votre morale, c'est un démon.

-        Si l'esprit cherche à éveiller dans notre conscience l'orgueil, l'envie, la vaine gloire… c'est un démon.

-        Si l'esprit vous défend de parler de son apparition à un prêtre ou lors de la confesse, c'est un démon.

-        Si l'esprit apparaît en forme sombre ou disparaît en puanteur, en désordre épouvante ou en tapage, c'est un démon.

-        Si l'esprit arrive alors que vous avez appelé un membre de votre famille décédé et qu'il revient à nouveau pour des choses futiles, c'est un démon. Car, les bons esprits ne reviennent plus lorsque leur but de leur visite est rempli, si ce n'est pour remercier.

-        Si le début est agréable, mais qu'au départ de l'esprit vous ne ressentez que tristesse, désolation… il s'agit d'un démon. Le bon esprit et l'ange ont pour vocation d'éclairer, de consoler et d'apporter le calme.

-        En règle générale, les mauvais esprits n'ont pour but que de troubler une maison ou d'accomplir des choses nuisibles alors que les bons esprits qui viennent ne causent jamais de mal.

Il arrive que les démons se déguisent en ange pour mieux nous tromper. À leur première apparition, ils se donnent comme bons, mais lors des communications suivantes, ils montrent leur vraie nature et finissent par se trahir d'une façon ou d'une autre.

Si vous êtes victime d'une telle apparition, ou si vous avez des doutes quant à une apparition, vous pouvez faire des prières de bénédictions.

Pour bénir une maison ou l'exorciser (précaution utile pour éloigner le démon de sa demeure ou l'empêcher d'y entrer), on peut se référer au Rituel qui renferme une dizaine de prières où l'on demande au Seigneur de protéger les lieux contre les présences maléfiques. On a les Psaumes 5, le 39, le 50 ainsi que les psaumes 119 à 133.

On commence par en réciter quelques-uns, puis on lit la première partie du premier exorcisme destiné aux personnes en l'adaptant à la maison. On bénit chaque pièce, puis on refait le même tour avec de l'encens bénit. On peut aussi mettre du sel exorcisé dans chaque coin de la ou des pièces où la présence maléfique s'est manifestée.

Lorsque les troubles sont de faible importance, un seul exorcisme suffit. Lorsqu'ils résultent d'un maléfice et qu'il est renouvelé, il faut répéter les exorcismes jusqu'à ce que la maison devienne imperméable aux maléfices. Dans les cas les plus graves, par exemple les habitations où habitait un sorcier ou celles qui étaient des lieux de messes noires, de rituels sataniques, la délivrance est très compliquée. Cela demande une grande foi et de la persévérance.

Le Père Pellegrino Ernetti, exorciste à Triveneto, a traité des cas excessivement graves. Il est allé chez une famille où des portes et des fenêtres fermées s'ouvraient et se refermaient seules, ou des chaises volaient, des armoires bougeaient... Le prêtre résolut ce cas par l'emploi simultané de sacramentaux. Il mélangea de l'eau, de l'huile et du sel exorcisés dans un récipient. Puis, il recommanda d'en verser chaque soir une cuillerée sur le rebord de toutes les fenêtres et sur le seuil de toutes les portes, en récitant, à chaque fois, le Notre-Père. Et ce remède fut foudroyant. La maison retrouva son calme. Peu de temps après, la famille arrêta le traitement et les troubles recommencèrent pour disparaître à nouveau à la reprise du remède.

Juste un petit mot sur nos animaux domestiques : nos amis les animaux ont la capacité de ressentir les esprits démoniaques. Et lorsqu'ils sont en présence de ce genre de manifestation, soit ils se mettent à fixer un point précis ou s'enfuient en gémissant. Le chien, souvent, aboie sans motifs puis se met à pleurer. Les animaux sont plus sensibles que l'homme et sentent les présences. Leur comportement peut constituer un élément déterminant pour décider s'il convient ou non d'exorciser une maison.

En parlant de nos animaux domestiques, sachez qu'ils peuvent être possédés. Nous en avons un exemple dans la Bible, lorsque Jésus envoie des démons dans des cochons.

En Italie, il y a eu une affaire qui a fait beaucoup de bruit à ce sujet. Un exorciste maladroit, certainement débutant, a demandé au démon de s'emparer du cochon de la famille de paysans qu'il exorcisait. L'animal est devenu fou furieux et a dévoré sa maîtresse. On le tua sur-le-champ et le démon s'empara, à nouveau, du corps du paysan.

C'est pourquoi il est permis de bénir les animaux pour les délivrer.

6.4) Les anges et les saints

Les anges sont nos principaux alliés contre Satan.

Chacun de nous possède un ange gardien, un ami fidèle et invisible, qui nous aide, qui nous protège, qui nous guide. Il est là 24 h sur 24 et nous n'y pensons même pas. Cet ange gardien ne nous laissera jamais tomber, il fera en sorte de toujours nous protéger. Mais nous gardons notre libre arbitre et nous sommes libres de l'écouter ou pas.

D'autres anges sont aussi à nos côtés et interviennent lorsque nous leur demandons de l'aide. Ils sont nombreux et surtout désireux de nous faire du bien, car eux seront aussi jugés pour le bien qu'ils accomplissent sur terre, donc n'hésitez pas à les solliciter. Ils seront ravis de vous apporter de l'aide.

Celui qui est convaincu de vivre en présence de la Sainte Trinité sait qu'il peut compter sur l'appui des anges et des saints. La vie est faite de douleurs et de tristesse. Le croyant connaît la douleur, car c'est la voie de la Croix qui nous sauve, mais ne connaît pas la tristesse.

L'Église catholique a canonisé beaucoup de saints pour leur vie exemplaire ou de martyr. C'étaient des femmes ou des hommes qui avaient reçu la grâce du Seigneur, qui pouvaient accomplir des miracles, qui faisaient le bien autour d'eux. Je citerai Saint Paul de la Croix, Gemma Galgani, Jean Léonardi, Thérèse de Lisieux et dernièrement mère Theresa. La Vierge-Marie elle-même est une sainte. Je ne m'attarderai pas sur ce sujet.

Par contre, attardons-nous un petit moment sur les anges.

Les anges, tout comme les démons, sont des créatures créées libres par le Seigneur. À la différence des démons, les anges sont au côté du Seigneur et sont bons par nature. Ils n'ont pas été pervertis par l'orgueil.

Les anges se répartissent en 9 chœurs, que l'on retrouve d'ailleurs, dans le monde démoniaque, car les démons, avant d'être chassés, appartenaient à l'un ou à l'autre de ses chœurs et ont gardé cette appartenance une fois déchus : Dominations, Puissances, Trônes, Principautés, Vertus, Anges, Archanges, Chérubins, Séraphins.

Le chef de cette milice céleste est l'archange Michel. C'est lui qui a précipité Satan en enfer, c'est donc le protecteur des hommes contre le Malin. À ces côtés, il y a les archanges Gabriel, Raphaël et Uriel. Chacun de ces archanges a un rôle spécifique, une capacité particulière que je vous propose de découvrir.

6.4.1) Archange Michel, le protecteur

L'archange Michel ou Michaël apparaît plusieurs fois dans la Bible : dans l'Ancien Testament, dans le livre de Daniel et le Nouveau Testament, dans l'Apocalypse.

Son nom signifie « Qui est comme Dieu ». Ce qui veut dire qu'il a la même force que Dieu et que sa lumière rayonne comme celle de Dieu. Tout comme Dieu, il est fort, fidèle et unique.

Dans le livre de Daniel, Michel est présenté comme un prince. On comprend, alors, que Michel est un Prince de premier rang à la cour de Dieu. Au temps tragique de persécutions dont parle Daniel, Michel symbolise la puissance, l'unique puissance, capable de protéger le peuple d'Israël.

Beaucoup diront que c'est lui qui a conduit la famille de Noé et lui encore qui a arrêté le bras d'Abraham lorsque ce dernier voulait immoler son fils.

Dans le Nouveau Testament, l'archange Michel apparaît à l'Apocalypse, lorsqu'il est fait mention d'un combat dans le ciel. C'est lui et ses anges qui combattent contre le dragon et qui le précipitent sur la terre. D'ailleurs, cette lutte a beaucoup inspiré les peintres et artistes chrétiens, qui ont représenté l'Archange Michel avec un visage rassurant et protecteur.

Dans un autre texte peu connu, la lettre de Jude, Michel est présenté comme un archange et est cité en exemple pour son respect, même vis-à-vis du Diable, car il laisse à Dieu le soin de le juger.

L'archange Michel est le saint patron du catholicisme. Dans la culture chrétienne, il est représenté en chevalier ailé qui terrasse le Diable. Il peut aussi être représenté avec la balance du jugement dernier, devenant juge et guide des âmes. Il est le plus beau et le plus puissant des anges de Dieu (à noter qu'avant d'être précité en enfer, c'était Lucifer qui tenait cette place). D'ailleurs, c'est lui qui a combattu contre Lucifer lors de la rébellion des anges et qui l'a précipité hors du ciel.

Saint Michel est aussi l'Ange du Martyr, celui qui a réconforté Jésus lors de son agonie sur la croix et qui a recueilli son sang pour le porter en offrande à Dieu, en rémission des péchés des hommes.

Pour l'Église, Saint-Michel Archange est le chef des anges, le défenseur de Dieu, de l'Église, de Jésus Christ et des chrétiens. Il est l'ange protecteur de la Sainte Croix, des Évangiles et Grand Gardien de l'Eucharistie. C'est lui qui est le plus actif auprès de l'humanité.

Saint Michel est aussi la justice de Dieu et c'est par lui que s'accompliront toutes les prophéties, dont l'Apocalypse de Saint-Jean.

Au IVe siècle, le culte de Saint Michel est très répandu en Orient. En Occident, il fera son apparition à la fin du Ve siècle. C'est à cette époque, en 442, que sera élevé le premier sanctuaire en Italie, à Monte Sant'Angelo sur le massif du Gargano.

Vers l'an 1000, de nombreuses chapelles et édifices lui sont dédiés, généralement construits sur des lieux élevés pour rappeler que Saint-Michel est le chef des anges.

En France, le site le plus célèbre dédié à l'archange Michel est sans conteste le Mont-Saint-Michel (anciennement Mont Tombe), qui se trouve en Basse-Normandie, où il est apparu plusieurs fois. Dans notre beau pays, l'archange Michel est considéré comme l'ange Tétulaire, puisqu'avec ses apparitions au mont Saint-Michel, il est intervenu dans l'histoire de notre pays, à plusieurs reprises. La plus connue de ses interventions reste celle où il guide Jeanne d'Arc dans sa mission de libération de la France par les Anglais. C'est l'ange gardien de la France.

En Grande-Bretagne, on citera le St-Michael's Mount. En Italie la Sacra di San Michele dans la vallée du Suse. À Bruxelles, on trouve la cathédrale Saints-Michel-et-Gudule. On retrouve même son culte en Afrique, avec le sanctuaire régional de Saint Michel à Goma Tsé-Tsé en République du Congo.

Cette liste n'est pas exhaustive. Les sites rappelant un culte à l'archange Michel sont trop nombreux pour que je puisse tous les citer.

On dit, aussi, qu'il existe une diagonale reliant Jérusalem à différents lieux consacrés à Saint-Michel à travers l'Europe, notamment en France, en Italie, en Grèce, en Irlande et en Grande-Bretagne.

Selon les croyances, les religions, les mythes, les légendes... Michel revêt plusieurs figures.

— Celle de l'ange tenant la balance avec laquelle il pèse les âmes. C'est l'ange psychostase.

— Celle de l'ange terrassant un dragon qui représente Satan.

— Celle de l'ange terrassant Satan.

— Celle de l'ange en habits militaires et en armure.

— Celle de l'ange revêtu de l'himation ou pallium.

Je rappelle que le pape Léon XIII a composé une prière à l'archange Saint-Michel afin de délivrer la terre du Malin. Cette prière, vous pouvez aussi la réciter afin que l'archange Michel vous aide dans votre combat contre le démon. Je réécris cette prière.

« Saint Michel Archange, défendez-nous dans le combat. Soyez notre secours contre la méchanceté et les embûches du démon. Que Dieu lui retire tout pouvoir de nous nuire, nous vous en supplions ! O Prince très saint de la milice céleste, repoussez en enfer, par la puissance divine, Satan et ses légions d'esprits mauvais qui rôdent dans le monde en vue de perdre les âmes ! »

6.4.2) Archange Gabriel, le messager

L'archange Gabriel est le plus connu des archanges, car il est associé au récit de la conception et de l'enfance de Jésus. La mission de l'archange Gabriel est d'annoncer les grands messages célestes.

Les Saintes Écritures nomment plus souvent l'archange Gabriel que les autres archanges. L'archange Gabriel est associé à la naissance de Jésus-Christ. C'est lui qui intervient pour annoncer la venue du Messie (c'est l'Annonciation). Il apparaît à Marie ainsi qu'aux prophètes Zacharie et Daniel. Il est le messager de Dieu.

Gabriel apparaît la première fois, dans les Saintes Écritures, dans le livre du prophète Daniel où il tient un rôle d'interprète par deux fois lorsque Daniel se trouve en face d'une énigme. D'abord, le prophète Daniel perçoit une vision étrange d'un bélier et d'un bouc et ne comprend pas sa signification. Gabriel va lui expliquer ce qui va arriver. Puis, Daniel s'interroge sur une parole de Jérémie concernant la servitude d'Israël. À nouveau, Gabriel va l'instruire.

On retrouve l'archange Gabriel dans l'histoire de Sodome et Gomorrhe, une histoire hautement imagée où il est question d'homosexualité.

Dans ce même livre, il est fait aussi mention de l'archange Michel.

Le nom Gabriel se traduit littéralement par "homme de Dieu" ou " Dieu s'est montré fort".

Dans le Coran, Gabriel est aussi considéré comme un messager. C'est lui qui a révélé les versets du Coran à Mahomet dans la grotte de Hira. Dans cette croyance, il prendra le nom de Djibrîl. Cela est hautement réfuté par les Juifs et les catholiques, car il est impensable qu'un ange puisse trahir Dieu en fondant un autre dogme avec d'autres croyances. Et donc, il se pose la question : « qui a parlé à Mahomet ? » Cela est une autre histoire...

Gabriel est un archange de premier rang. Il fait partie des sept archanges piliers de la création et du groupe des quatre archanges qui n'ont pas suivi Lucifer dans sa rébellion contre Dieu.

Il possède la faculté de pouvoir communiquer avec les hommes. Il peut nous aider à voir et à parler avec notre ange gardien. Il peut favoriser l'apparition d'une vision. Donc, quand on éprouve un ressenti, lorsque l'on a une prémonition, c'est peut-être Gabriel qui nous parle et qui nous apporte un message.

On peut communiquer avec l'archange Gabriel ce qui nous rendra lucides et vifs.

Que ce soit dans la croyance catholique, juive ou coranique, l'archange Gabriel est omniprésent et incontournable. C'est lui qui fera sonner les trompettes pour annoncer l'Apocalypse.

On dit de l'archange Gabriel que « chaque jour que Dieu fait, Gabriel plonge 365 fois dans la Mer de Lumière afin que chaque goutte d'eau qui dévale de ses ailes puisse créer un nouvel Ange gardien ». D'après ce récit, c'est donc lui qui crée les anges gardiens.

J'ai lu sur internet, une chose qui m'a choqué et qui m'a fait rire. Il semblerait que le pape Paul VI a déclaré, le 9 septembre 1972 dans son « Quandoquidem », que l'archange Gabriel était le Saint Patron des télécommunications, donc des nouvelles technologies servant à communiquer. En 1972, internet ainsi que les réseaux sociaux n'existaient pas, car Paul VI se serait mordu la langue avant de dire une telle énormité. En effet, internet sert à communiquer, de même que les réseaux sociaux, mais je pense que l'on ne communique pas pour le bien, mais plutôt pour le mal. Les réseaux sociaux véhiculent des images violentes et l'on se complaît là-dedans. Voir une image tourner en boucle d'un chien qui se fait brulé vif n'est pas vraiment de la communication, mais de la torture morale. D'ailleurs, si l'on pouvait éviter de relayer des images et des vidéos de ce genre, les auteurs en mal de reconnaissance et voulant à tout prix faire le buzz, arrêteraient d'en poster.

Je ne crois pas que l'archange Gabriel soit derrière internet ni derrière les médias et la télévision. Ces derniers sont plutôt du domaine de Satan.

6.4.3) Archange Raphaël, le guérisseur

L'archange Raphaël, dont le nom veut dire « Dieu guérit » en hébreu, est avant tout un ange gardien, celui qui guide, qui conseille, qui pare au danger. Tout comme les archanges Gabriel, Michel et Uriel, Raphaël est au-dessus des anges dans la hiérarchie céleste. Mais contrairement à ses compatriotes, il apparaît, le plus souvent, sous la forme d'un homme.

Raphaël apparaît dans le Premier Testament, dans le Livre de Tobit. Dans ce récit, il joue un rôle majeur et son nom est mentionné 14 fois. Raphaël est envoyé sur Terre en réponse aux prières de Tobit, un homme pieux et fidèle au Seigneur, qui est frappé par le malheur et aveugle.

L'image de Tobit est celle d'un homme juste qui souffre et cela n'est pas juste. C'est pourquoi Raphaël va l'aider ou plutôt, il va aider son fils Tobie à épouser Sara, une jeune femme donnée sept fois en mariage. Mais à chaque fois, l'époux est retrouvé mort, assassiné par Asmodée qui s'est épris de Sara, avant la consommation du mariage. Raphaël va aider Tobie à vaincre le démon Asmodée et va lui dire comment soigner la cécité de son père. Puis, Raphaël va dévoiler son mystère et dire qu'il est un ange, l'un des quatre admis dans la gloire de Dieu.

Dans cette histoire, ou plutôt ce conte, Raphaël ne se présente pas comme un ange, mais apparaît comme un homme.

Raphaël apparaît aussi dans le livre d'Hénoch. C'est lui qui est mandaté pour jeter Azazyel dans les ténèbres.

Raphaël reconnaît la Passion du Christ et reconnaît Jésus comme Roi de l'univers.

Dans la foi populaire, l'archange Raphaël est un ange gardien, qui guide, conseille et veille au bonheur des hommes bons. Raphaël est un ange bienveillant, qui partout où il passe, porte un regard plein de bonté sur la souffrance des hommes.

En Russie, une église lui est dédiée.

Il est souvent représenté en compagnie de Tobie et de son chien, marchant avec un bâton, des sandales, une gourde et une besace. Il s'occupe des voyageurs, des pèlerins, mais pas seulement, puisqu'il s'occupe de ceux qui cherchent la guérison de l'âme, du cœur et du corps.

Milton dans son livre « Paradis Perdu » en donne une description : « Couché en position de vol, il se déplace à toute vitesse à travers la vastitude du ciel éthéré. Il vole à tire-d'aile d'un monde à l'autre avec ses ailes étendues ; tantôt on l'aperçoit dans les vents polaires, tantôt d'un coup d'ailes il file en sifflant jusque dans l'air moite. »

Dans l'Islam, Raphaël est aussi cité, sous le nom d'Israfil. C'est lui qui fera sonner la trompette du Jugement Dernier. À noter que chez les chrétiens, c'est l'archange Gabriel qui fera sonner cette trompette.

Raphaël est donc le troisième archange des quatre reconnus par l'Église qui l'honore comme le saint patron des voyageurs. Il est le chef des anges gardiens, c'est l'ange de la providence qui veille sur l'humanité. Il guérit, guide, conseille les hommes. Et le pauvre… il a du boulot en ces temps obscurs !

6.4.4) Archange Uriel, la lumière de Dieu

Uriel est répertorié comme étant le quatrième archange de l'Église chrétienne, mais aussi dans plusieurs traditions pseudépigraphiques ou apocryphes juives. Pour des raisons qui m'appartiennent, je m'attarderai davantage sur les croyances chrétiennes que sur les autres que je me dois d'évoquer aussi.

L'Église orthodoxe le mentionne comme l'un des sept archanges majeurs.

Dans la tradition juive, nous trouvons une mention, dans le Premier Testament de la Bible, d'un ange portant le nom d'Uriel. Dans le Livre d'Hénoch, ainsi que dans l'Apocalypse d'Esdras, Uriel est mentionné à plusieurs reprises.

Le livre d'Hénoch évoque Uriel comme un « ange que le Seigneur de gloire a préposé à toutes les étoiles qui brillent dans le ciel et éclairent la Terre ». Donc, Uriel serait l'archange qui apporterait la lumière, et donc la connaissance de Dieu, sur Terre.

L'Église orthodoxe place Uriel parmi les sept archanges majeurs, aux côtés de Raphaël, Gabriel, Michaël, Sealtiel, Jéhudiel et Barachiel.

L'Église anglicane mentionne Uriel comme un archange et le reconnaît comme le Saint Patron du sacrement de la Confirmation. Uriel est célébré dans le calendrier liturgique anglican le jour de la fête des Archanges.

L'Église catholique romaine a reconnu tardivement Uriel comme archange. Aujourd'hui, il a sa place en tant que quatrième archange, celui qui apporte la Lumière de Dieu et lui confère de nombreuses fonctions.

Uriel est donc l'Archange de la Lumière de Dieu, en ce sens qu'il nous aide à reconnaître notre Lumière Intérieur et à acquérir la connaissance de Dieu. Pour cela, il nous aide à interpréter les messages de notre voix intérieure.

C'est grâce à lui que nous pouvons mieux nous comprendre, comprendre notre nature profonde et comprendre les autres.

Uriel nous aide à devenir des êtres de lumières en nous aidant à exprimer l'amour enfoui en nous. Il est l'Archange qui apporte à l'humanité la compréhension et la miséricorde Divine. C'est le plus radieux et le plus lumineux des Anges.

On l'appelle aussi Flamme de Dieu, Ange de la Présence ou de la Rédemption. Il est aussi connu pour avoir aidé les prophètes à comprendre les messages envoyés par Dieu.

L'Archange Uriel nous aide à prendre des décisions et nous éclaire lorsqu'un problème se pose à nous. Il est l'Ange de la sagesse, il fait briller la lumière de Dieu dans les ténèbres de la confusion.

C'est Uriel qui a averti Noé du déluge imminent et a aidé le prophète Ezra à interpréter les prédictions mystiques sur la venue de Jésus. C'est lui aussi qui a livré la cabale à l'humanité.

Uriel c'est aussi l'archange qui apporte son aide lors des catastrophes naturelles, comme les inondations, les séismes... il nous aide à nous cacher et facilite le rétablissement après le désastre.

Pour ma part, il n'est pas rare que je fasse appel à lui lorsque je fais face à un problème qui de prime abord me semble insoluble. Cela m'aide à réfléchir et peut-être que c'est lui qui m'insuffle la solution. Il n'est pas rare aussi que je lui demande des conseils pour des décisions importantes à prendre. Pour l'entendre, il suffit de s'entendre, d'entendre la petite voix intérieure qui nous parle, de nous laisser guider par notre ressenti.

Chers amis, si vous vous retrouvez face à une situation inextricable, si vous vous sentez en proie à un désespoir profond, si vous ne trouvez aucune solution face à un problème, faites appel à Uriel. Bien sûr, il faut y croire. Mais je suis sûre qu'il vous répondra et vous guidera, pour peu que vous soyez attentifs aux signes et à votre petite voix intérieure.

VII) La science et la psychiatrie

Il n'est pas toujours facile d'établir un diagnostic sûr, surtout si le patient présente à la fois des troubles psychiques et des troubles maléfiques. Il s'avère donc utile d'associer l'action du psychiatre à celle de l'exorciste, ce qui se fait de plus en plus de nos jours.

Certains théologiens modernes qui affirment que certaines maladies peuvent se confondre avec la possession démoniaque ont tort. Et certains médecins, psychiatres ou parapsychologues pensent la même chose. Ce qui est navrant pour la victime et jouissif pour le démon.

Déjà en 1853, lors du synode de Reims, alors que la psychiatrie n'était pas encore née, l'Église catholique affirmait la même chose, que certains signes de possession diabolique pouvaient être des symptômes de maladies mentales.

Concrètement, une crise de possession démoniaque est semblable à une crise d'hystérie au sens de Charcot ou à des phénomènes de spasmophilie, de transe ou encore à des phénomènes de rebirth (méthode de développement personnel qui consiste à modifier la perception de son corps et de ses émotions par des exercices de respiration).

Par exemple, on sait maintenant que la lèpre peut engendrer des zones d'anesthésie dans le corps. Avant les malades qui souffraient de lèpre étaient considérés comme possédés.

On trouve les mêmes symptômes qu'une personne possédée chez ceux souffrant de mélancolie, de schizophrénie, d'encéphalite, d'intoxication... En effet, ces personnes parlent souvent seules ou changent leur voix ou encore peuvent se contorsionner. Certaines drogues ou la consommation d'alcool peuvent pousser certains sujets à se croire possédés par un démon.

Dans le syndrome de personnalité multiple, le malade peut passer très rapidement d'une personnalité à l'autre. Les personnalités s'opposent, ne parlent pas de la même façon, n'ont pas les mêmes idées, ont des QI différents. Et lorsque l'état du patient devient critique, une personnalité peut le pousser à l'automutilation, à commettre des actes d'agression, le pousser à la toxicologie ou encore au suicide. De même, la schizophrénie, qui est une maladie mentale dans laquelle le patient perçoit une réalité différente, peut aussi aboutir au sentiment d'être possédé. Le patient est victime d'hallucinations auditives, olfactives ou visuelles et peut se mettre à délirer, à commettre des actes de violence envers les autres et envers lui... Certains malades mentaux développent même une force surhumaine.

Donc, pour distinguer la maladie mentale de la possession démoniaque, il faut réaliser un exorcisme. Il n'y a que de cette manière que le démon se dévoile. Et aussi, il est très important que le psychiatre et l'exorciste travaillent ensemble.

Il y a des psychiatres qui ont conscience des limites de leur science et admettent qu'un de leur patient a davantage besoin d'un prêtre que d'un médecin. Ils admettent que certains de leurs patients présentent des symptômes qui ne relèvent pas des maladies scientifiquement reconnues. Et, je m'en réjouis, car de plus en plus de psychiatres acceptent de travailler avec les exorcistes.

Il y aurait tant à dire sur la psychiatrie, que cela sera un sujet d'un prochain ouvrage. Un seul livre suffit à sa peine !

VIII) Quelques cas réels de possession démoniaque

Afin de vous montrer le pouvoir extraordinaire du démon, voici quelques cas célèbres et documentés de réelles possessions démoniaques. À vous de vous faire votre propre opinion

8.1) L'Exorciste, film inspiré d'une histoire vraie

Commençons ce tour d'horizon par le film qui a défrayé la chronique au moment de sa sortie en salle, qui a provoqué une hystérie collective aux États-Unis et en Europe et surtout, le film qui me fit prendre conscience que je devais étudier la démonologie et la théologie pour combattre ce mal dont souffre Regan, la petite fille possédée dans le film, j'ai nommé l'Exorciste de William Friedkin d'après le roman de William Peter Blatty du même nom.

L'Exorciste est un film culte, le plus effrayant de sa génération. Projeté en salle durant les années 1973 et 1974 (puis en 2001 dans sa version intégrale), classé dans la catégorie des films d'horreur, l'Exorciste a déferlé une grande vague d'épouvante dans le monde entier. Et pour cause, ce film suscite l'intérêt et provoque des cauchemars, même après plusieurs visionnages. Voir la petite Regan changer de visage, devenir un monstre aux yeux jaunes, vociférer, vomir un liquide jaunâtre, s'enfoncer une croix dans le vagin, léviter, avoir sa tête effectuer un 180 °... cela ne peut laisser indifférent.

Avant de vous parler du fait divers qui a inspiré William Blatty, voyons un peu l'histoire du film.

La première scène du film se passe en Irak par la découverte de la tête d'une statuette du démon Pazuzu (divinité mésopotamienne) lors de fouilles archéologiques menées par le père Lankester Merrin.

Puis, on se retrouve aux États-Unis, plus précisément à Georgetown, un quartier de Washington. Chris MacNeil est une actrice et vit tranquillement dans une agréable demeure avec sa fille Regan et ses domestiques.

Petit à petit, la petite fille, âgée d'une douzaine d'années, se met à entendre des bruits et est prise de violents spasmes. Son lit bouge, les objets volent partout autour d'elle. Les médecins ne voient dans ces manifestations que des troubles nerveux dus à la préadolescence. Mais les crises empirent. La personnalité de Regan change. Elle devient violente et insultante.

Un soir, alors que Chris MacNeil rentre de la pharmacie, on lui annonce la mort de son ami Burk Dennings, retrouvé au pied des escaliers extérieurs donnant sur la fenêtre de la chambre de sa fille. Au même moment, Regan descend les escaliers de la maison, telle une araignée, vomissant du sang. À cet instant, on comprend qu'elle est la meurtrière de l'ami de sa mère.

La jeune adolescente est vue par beaucoup de psychiatres et de neurologues, qui n'arrivent pas à établir un diagnostic. Regan subit une batterie de tests, sans résultats. Et l'état de la jeune fille se dégrade de jour en jour.

Chris décide de faire venir un prêtre. Elle rencontre le père Damien Karras, à qui elle demande de l'aide. Mais, ce dernier est perturbé par la perte récente de sa mère. Il est rongé par la culpabilité d'avoir laissé sa mère mourir seule. Il est en proie à un profond tourment et se pose des questions sur sa foi en Dieu. Malgré cela, il accepte de voir l'enfant, en qualité de psychiatre, diplôme obtenu à la faculté de Harvard.

En entrant dans la chambre de Regan, il se trouve confronté à une jeune fille, sanglée sur son lit, le visage complètement déformé, les dents noires, les yeux jaunes. Ce n'est pas le visage d'une petite fille. Il décide de mener son enquête. Il l'enregistre et fait analyser les voix par un professionnel. Les paroles proférées par Regan, alors aspergée d'eau bénite, se révèlent être des paroles prononcées à l'envers. Plusieurs voix ressortent, dont celle de sa mère décédée il y a peu. Il comprend alors que le démon est non seulement l'incarnation diabolique dans le corps de l'enfant, mais aussi la manifestation du Mal qu'abritent en eux ceux qui tentent de l'approcher. Le père Karras devra affronter le démon en affrontant le Mal qui est en lui, sa culpabilité d'avoir laissé sa mère seule. Car le démon, au nom du Mal, veut le pousser au désespoir suprême en décuplant son sentiment de culpabilité.

Karras demande alors la permission au Vatican de pratiquer un exorcisme sur Regan. La requête est acceptée, mais c'est le père Lankester Merrin qui est désigné pour le faire. Le père Karras sera son assistant.

On comprend que le père Merrin a déjà pratiqué un exorcisme il y a longtemps en Afrique. Cette histoire est narrée dans le troisième volet de la saga « L'exorcisme, le commencement ». Effectivement, le père Merrin a déjà combattu le démon Pazuzu, lui ordonnant de retourner aux enfers. C'est pour cela que la divinité infernale l'attend. Elle veut se venger.

L'exorcisme commence, à grand renfort de prières et d'eau bénite, pendant que Regan vocifère des obscénités, tournant sa tête à 180 degrés et lévitant.

Le père Merrin est malade, vieux et fatigué. Il souffre d'une maladie cardiovasculaire. Il décédera pendant l'exorcisme d'une crise cardiaque. Le démon a gagné. Mais le père Karras, de rage, se met à rouer de coups Regan et somme le démon de le prendre, de le posséder. Dans la bagarre, Regan arrache le médaillon qui protégeait le prêtre de son cou et le démon prend possession de lui. Sentant le démon s'insinuer en lui et dans un regain de lucidité, le père Karras se jette par la fenêtre et termine sa chute au bas des escaliers. Le père Dyer le rejoint et lui donne les derniers sacrements.

Regan est retrouvée dans sa chambre, sanglotante, mais délivrée, ne se souvenant plus de rien. Elle porte les stigmates des violences que le démon lui a infligées.

Voilà donc pour l'histoire du film. Découvrons maintenant l'histoire réelle qui l'a inspiré :

Nous sommes le 20 août 1949. William Peter Blatty découvre un article dans le journal du Washington Post à la rubrique faits divers. Cet article relate un cas d'exorcisme en la personne de Robbie Mannheim, jeune garçon âgé de 14 ans. L'écrivain se met à écrire sur le sujet. Le livre se vendra à plus de 13 millions d'exemplaires rien qu'aux États-Unis. D'où son adaptation au cinéma.

Nous sommes à la fin des années 40, dans le Maryland, aux États-Unis. De nombreux prêtres de la région ont raconté leur rencontre avec Robbie Mannheim, un jeune garçon de quatorze ans surnommé Roland Doe par l'Église afin d'éviter tout débordement de la part des curieux. Les prêtres sont unanimes : Robbie Mannheim était véritablement victime d'une possession démoniaque.

Les premiers signes de cette possession se sont manifestés par des bruits étranges dans toute la maison peu de temps après la mort d'un membre de la famille, une tante qui avait l'habitude de faire du spiritisme : gouttes d'eau qui tombent des robines alors que ces derniers sont fermés et qu'il n'y a aucune trace d'eau dans les lavabos ou éviers, bruits de grattements dans les murs, déplacements d'objets. Les manifestations sont plus violentes dans la chambre de Robbie : déplacement du lit, bruits d'animaux provenant des murs...

Puis, Robbie se met à avoir des nuits agitées et se réveille souvent avec des marques sur le corps. Plusieurs fois, sous les yeux de ses parents, il est éjecté de sa chaise alors qu'il est en train de manger, sans aucune raison. Un premier exorcisme est réalisé, mais les phénomènes s'amplifient. Les parents, persuadés d'avoir lu « Saint-Louis » sur la poitrine du garçon, déménagent dans cette ville. Saint-Louis étant la ville de leurs grands-parents, ils sont convaincus que les phénomènes cesseront une fois arrivés là bas. Mais, cela ne changea rien. Au contraire, l'état de Robbie empire de jour en jour.

La famille fait alors appel au Père Bowdern, qui tente un deuxième exorcisme sur l'enfant. Ce deuxième exorcisme est encore plus compliqué que le premier, tant Robbie se montre agressif, insulte le prêtre, lui crache au visage, veut le battre... Alors, Robbie est interné dans un monastère psychiatrique ou le Père Bowdern tente à nouveau de l'exorciser. Il réalise un exorcisme par jour, sans noter d'amélioration chez Robbie qui devient de plus en plus violent, cassant même le nez d'un des prêtres qui assistait l'exorciste et brisant les liens qui servaient à le maintenir sur son lit.

Un jour, alors que Robbie n'avait presque plus aucun moment de lucidité, les prêtres décident de le baptiser. Ce sacrement provoque une telle rage chez l'adolescent qu'une dizaine de prêtres durent le maintenir en place. Plusieurs furent blessés dans la bataille.

Contre toute attente, quelques jours après ce baptême, Robbie se met à hurler : « Satan, je suis Saint-Michel ! Je vous ordonne de quitter ce corps immédiatement ! » L'instant d'après, Robbie s'évanouit et après quelques heures d'inconscience, il se réveille et ne présente plus aucun symptôme de possession démoniaque. D'ailleurs, il ne se souvient de rien de sa possession. L'Archange Michel semble l'avoir délivré du démon.

Bien sûr, les prêtres témoignèrent et affirmèrent que la possession démoniaque du jeune garçon était bien réelle, alors que les médecins qui examinèrent l'adolescent ne trouvèrent aucune explication à ce phénomène.

On peut se poser la question de savoir pourquoi Robbie Mannheim a été possédé. Plusieurs hypothèses ont été avancées et la plus plausible semble celle de la planche Oui-Ja. En effet, la tante décédée de Robbie utilisait une planche Oui-Ja lors de séances de spiritisme. Robbie avait déjà accompagné sa tante lors de ces séances. Et lorsque sa tante est morte, il aurait sans doute voulu tenter d'entrer en contact avec elle grâce à cet outil démoniaque. Car les phénomènes ont commencé de suite après la mort de sa tante. Et c'est cette pratique de la planche Oui-Ja qui a provoqué la possession du jeune homme, car l'ayant fait sans protection, il s'est directement exposé au Malin.

L'histoire de Robbie Mannheim a été largement documentée. Ceux qui ont témoigné sont unanimes : l'adolescent souffrait d'un mal mystique qui ne pouvait être guéri par la médecine. Et c'est certainement le baptême qui le sauva. Bien sûr, on ne sait pas quel démon a pris possession de Robbie, alors que dans le film, on sait que c'est Pazuzu.

Pourquoi d'ailleurs ce démon ? Je n'en ai aucune idée. Peut-être parce que cela passait bien à l'écran et que l'on avait à disposition des statuettes de ce démon.

Revenons un peu au film l'Exorciste. D'après les rumeurs, il serait maudit. On parlerait d'un nombre élevé de morts, 17 ou 19, qui seraient survenus dans les deux années après sa sortie, essentiellement sur les acteurs secondaires et les techniciens. Je citerai l'acteur Jack MacGowran qui incarnait Burke Dennins dans le film et le fils de Jason Miller (le père Karras). Il est aussi dit qu'un mystérieux incendie avait retardé la sortie du film de deux mois...

En tout cas, l'Exorciste reste un film prenant. Bien sûr, cela reste un film et dans la réalité, les possédés ne se comportent pas comme Regan !

8.2) L'exorcisme d'Anneliese Michel

Encore une histoire qui inspira un film, « L'Exorciste d'Emily Rose », film d'horreur américaine sorti en 2005 et réalisé par Scott Derrickson. D'ailleurs, le film est assez proche de la véritable histoire.

Anneliese Michel était une jeune allemande qui mourut tragiquement après huit longues années d'un calvaire insoutenable, huit longues années de possession démoniaque, durant lesquelles de nombreux exorcismes furent réalisés sans jamais pouvoir la libérer.

Cette histoire est beaucoup documentée, car ce cas a donné lieu au premier procès en Europe de l'État contre l'Église pour négligence ayant entraîné la mort. On trouve de nombreuses photographies de cette pauvre jeune fille sur internet, ainsi que des extraits audio des différents exorcismes réalisés sur elle.

Anneliese Michel est née le 21 septembre 1952 à Leiblfing (Bavière) au sein d'une famille catholique très pratiquante. Anneliese est une jeune fille très pieuse. Cette jeune bavaroise a tout pour vivre heureuse. Elle est entourée de ses parents et de ses trois sœurs, Gertrud,

Roswitha et Barbara. L'éducation se veut rigoureuse et pieuse, car pour les parents, le respect des valeurs est très important.

C'est en 1958 que les problèmes commencent. Anneliese a alors 16 ans. Un jour, elle se met à trembler violemment et ne contrôle plus son corps. Puis, elle est régulièrement prise de convulsions. Durant ces crises, elle perd sa voix et n'arrive plus à appeler ses parents pour l'aider. On fait venir le médecin de famille qui la fait interner en hôpital psychiatrique. Les médecins diagnostiquent une épilepsie et une dépression sévère. Elle fait un séjour de plus d'un an en hôpital, sans que les crises cessent. On la bourre de médicaments, mais Anneliese continuent à hurler de douleur, à vociférer des insanités, à convulser, à faire des génuflexions sans pouvoir s'arrêter, au point de mettre à rude épreuve les ligaments qui menacent de casser. Elle ne se nourrit plus et a du mal à boire. Elle voit des visages démoniaques devant elle, qu'elle appelle Fratzen, en train de grimacer lorsqu'elle fait ses prières quotidiennes. Elle entend des voix. Elle en parle avec les médecins qui ne savent plus comment l'aider.

Enfin, Anneliese Michel rentre chez elle. Elle est fatiguée et terriblement amaigrie. Elle reprend le chemin de l'école. Elle voit souvent des démons autour d'elle et est régulièrement victime d'attaques démoniaques. Elle ne cesse de prier et de boire de l'eau bénite. Elle espère que les médicaments contre l'épilepsie la soulagent enfin. La famille, incapable de l'aider et présente lors de ces crises terrifiantes et troublantes, se tourne vers l'Église. Au début de l'année 1973, les parents d'Anneliese demandent à plusieurs prêtres d'exorciser leur fille. Mais la jeune fille ne répond pas aux critères spécifiques d'une possédée. Elle ne lévite pas, ne parle pas une langue inconnue, ne connaît pas de faits cachés...

Cependant, les crises d'Anneliese deviennent de plus en plus violentes. Elle insulte ses proches, les bat, les mord... À cette époque, elle ne se nourrit plus, dort à même le sol et a une aversion profonde pour les crucifix et tous les portraits de Jésus. Ses parents l'entendent, impuissants, hurler toute la journée et la nuit. Souvent, elle s'agenouille et se relève avec un rythme effréné sans pouvoir s'arrêter.

Enfin, en 1975, l'archevêché de Würzburg autorise un exorcisme basé sur le Rituel romain. Ce sont les pères Alt et Renz qui vont pratiquer un à deux exorcismes par semaine sur elle. Parfois, lors des séances, il a fallu plus de trois hommes pour la maîtriser tant Anneliese faisait preuve d'une force surhumaine ! Malgré le rythme effréné des exorcismes, les crises ne cessent pas. De plus en plus souvent, la jeune fille reste paralysée et inconsciente. Elle refuse catégoriquement de s'alimenter, boit son urine et mange des araignées, seule nourriture que les démons acceptent qu'elle mange. Ses nombreuses génuflexions, plus de 600 de suite, ont provoqué une rupture des ligaments. Elle ne marche plus ou doit être soutenue. Souvent, des odeurs pestilentielles se dégagent de son corps. En parallèle de ces exorcismes, la jeune fille prend un traitement médicamenteux relativement lourd, un véritable cocktail comprenant des calmants, des cachets contre l'épilepsie et d'autres pour soigner une hystérie épisodique.

De ces exorcismes, 40 cassettes audio ont été enregistrées. On y entend Anneliese Michel vociférer, prendre plusieurs voix, dire des insanités. Parfois même, on peut entendre les démons parler entre eux. D'ailleurs, à un moment, les démons qui sont en elles se présentent et l'on peut entendre les noms d'Hitler, Néron, Judas Iscariote, Lucifer, Caïn... Une fois, la jeune fille a déclaré avoir vu la Vierge, lui avoir parlé et avoir accepté son sort, c'est-à-dire mourir pour prouver l'existence de Dieu qui l'avait choisie et lui avait donné cette unique mission. Car, si les démons existent, Dieu existe.

Le 30 juin 1976, Anneliese Michel, affaiblie par une pneumonie, le visage émacié et très maigre, décède. Elle a alors 23 ans. Le rapport d'autopsie indique que sa mort est liée à une sévère malnutrition et à une déshydratation. Les parents et les prêtres sont alors arrêtés. Ils sont inculpés de négligence ayant entraîné sa mort.

Le procès débute en mars 1978. Les deux prêtres sont défendus par des avocats mandatés par l'Église, tandis que les parents prennent un avocat libéral qui va plaider pour que les croyances de chacun soient respectées. En effet, l'exorcisme en Allemagne n'est pas illégal du moment qu'il est ordonné par l'Église. Les Michel croient en Dieu et croient en la possession démoniaque. Ils ont cru pouvoir aider leur fille en la faisant exorciser.

La ligne de défense des prêtres est aussi très simple : pour eux, ils ont libéré une jeune fille possédée qui a su trouver la paix juste avant sa mort.

Les enregistrements audio des exorcismes sont diffusés à la cour. On peut y entendre les démons parler et se disputer, se demandant qui allait quitter le corps d'Anneliese en premier.

En face des prêtres et des parents, les médecins retracent la maladie de la jeune femme, son épilepsie, sa dépression, son hystérie. Ils mettent les convulsions sur les différents traitements médicaux et leur arrêt brutal. De plus, Anneliese ne s'alimentait plus et ne buvait plus. C'est cela qui l'a tué. Cela et les rituels qui n'ont fait que l'affaiblir davantage.

Le procès est retentissant. L'Église est sur le banc des accusés. Le juge décide de condamner les prêtres et les parents à six mois de prison avec sursis pour négligence ayant entraîné la mort d'Anneliese Michel. En effet, un non-lieu aurait laissé la porte ouverte à toutes sortes de rituels plus ou moins encadrés, dans la mesure où la possession démoniaque est reconnue comme une réalité. Mais la prison avec sursis sera davantage perçue comme une peine légère en regard du crime commis, qui est quand même un homicide involontaire. La justice a voulu faire de cette histoire un exemple.

Félicitas Goodman, l'auteure qui a écrit l'histoire d'Anneliese Michel, déroule les faits sans jamais y prendre part. Elle donne des témoignages édifiants, troublants et touchants sur ce qui est arrivé à cette pauvre jeune fille, sans jamais dire clairement s'il s'agit d'une maladie mentale ou d'une possession démoniaque. Elle ne prend pas parti, elle se contente de donner les faits.

Félicitas Goodman va recueillir des témoignages de personnes étrangères à la famille qui raconteront tous la même chose : des odeurs pestilentielles se dégageaient de la jeune fille, odeurs qui ont été senties par les badauds.

Alors que les plus éminents psychiatres ont témoigné que si Anneliese avait suivi son traitement médical jamais elle ne serait morte, Félicitas Goodman insiste sur le fait qu'aucun médicament ne l'a réellement soulagée. Même, pire puisque le traitement semblait accélérer les crises. Lors de l'autopsie, aucune lésion, aucune anomalie neurologique ne fut retrouvée sur le cerveau d'Anneliese qui aurait pu démontrer qu'elle était hystérique et malade mentalement. De plus, il y a les enregistrements audio que même Félicitas, pourtant linguiste, n'a pu interpréter et analyser tant certaines émissions vocales étaient étranges.

D'ailleurs, parlons un peu de ces enregistrements audio. On y entend les démons se disputer, on les entend citer leur nom. Judas Iscariote, Caïn, Néron passe encore, mais Hitler ou Lucifer là je me pose des questions. Souvenez-vous, un démon, lorsqu'il est expulsé, retourne en enfer jusqu'au jugement dernier. Et Lucifer est le premier ange déchu, le maître des Enfers, celui que l'on appelle Satan. Je pense qu'un autre démon, en être menteur et perfide s'est fait passer pour lui, pensant créer ainsi encore plus de frayeur chez les exorcistes. Ensuite, Hitler. On sait qu'Hitler avait fait un pacte avec le diable, ce qui lui a conféré des pouvoirs qui lui ont permis de convaincre toute une nation de le suivre. Par le pacte, il a donné son âme au diable. Il est donc devenu un démon après sa mort. Ceci, bien sûr, n'est qu'une supposition. Mais, nous sommes dans les années 70 et l'Allemagne est encore meurtrie par la barbarie sans nom d'Hitler. Il est alors possible qu'un démon ait dit ce nom justement pour se moquer de l'Allemagne. Encore une fois, ceci n'est qu'une supposition.

Anneliese Michel avait une aversion totale pour tout ce qui est religieux. On peut penser que le rejet des symboles religieux peut être expliqué par une frustration de ne pas voir sa foi la guérir de son épilepsie. De plus, Anneliese prenait de nombreux psychotropes, utilisés entre autres pour traiter son épilepsie. Certains psychotropes, s'ils ne sont pas adaptés à la maladie ou non pris correctement, peuvent créer un état schizophrénique. Or, la dystonie, l'amnésie, le dédoublement de personnalité, les hallucinations… sont des symptômes de la schizophrénie. On peut alors se demander si les médicaments n'ont pas engendré tous les troubles.

Néanmoins, je pense qu'Anneliese était vraiment possédée et que les médicaments n'ont pas amélioré ses troubles. Au contraire, ils ont renforcé les troubles psychotiques déjà engendrés par les démons.

Cela l'a affaiblie et elle est morte d'épuisement et non à cause des exorcismes.

Pour certains, la vie d'Anneliese a permis de mettre en évidence l'existence des démons. Pour d'autres, Anneliese était simplement une jeune fille malade qui se croyait possédée. Que l'on y croie ou pas, les enregistrements audio des exorcismes, que l'on peut entendre sur YouTube, sont troublants, effrayants et donnent des frissons. Un conseil : récitez une prière avant de les écouter.

Aujourd'hui, Anneliese Michel repose en paix dans le cimetière de son village.

8.3) Son of Sam ou le Fils de Sam

L'histoire de David Berkowitz, tueur en série surnommé le Fils de Sam, est plutôt curieuse et soulève pas mal d'interrogations. David Berkowitz dit entendre des démons lui ordonner de tuer, dit les voir, dit les sentir. Possession démoniaque ? Folie meurtrière ? Le mystère reste entier. Voici l'histoire du Fils de Sam, l'une des histoires les plus médiatisées des États-Unis.

David Berkowitz est né le 1er juin 1953 à New York d'une relation incestueuse. Il sera abandonné et adopté par Nathan et Pearl Berkowitz, des quincailliers juifs à la vie tranquille. Ses parents adoptifs le remplissent d'amour, c'est même un enfant gâté. Comment expliquer que quelques années plus tard, David deviendra un tueur en série qui sèmera la panique dans les rues de New York ?

L'histoire de David Berkowitz me fait penser aux personnages des "7 +1 péchés Infernaux", livre écrit par votre serviteur disponible sur Amazon ou à la Fnac.

Dans ce livre, huit personnages d'apparence normale, ayant une famille, ayant un travail, se transforment en véritables meurtriers sanguinaires. Pourquoi ? Parce qu'ils entendent la voix d'un démon qui les pousse à agir ainsi. C'est une forme de possession démoniaque. Et les faits divers regorgent d'histoire comme celles-ci. Un exemple criant est l'affaire du Fils de Sam.

David Berkowitz, alias le Fils de Sam, n'a rien d'un tueur. Il travaille au centre de tri de la Poste de New York, a eu une jeunesse paisible et est décrit comme quelqu'un de jovial et effacé. Et pourtant, le 12 juin 1978, il sera condamné à 365 années de prison ferme pour 6 meurtres et sera incarcéré à la prison d'Attica.

Que lui est-il arrivé ? Pourquoi David Berkowitz s'est-il transformé en tueur ? Le meurtrier dira entendre des voix de démons le pousser à commettre ses crimes. Une théorie qui ne peut être retenue par la cour et pourtant...

Les meurtres :

• Le 29 juillet 1976 : Dans le quartier du North Bronx, David Berkovitz tue par balle Donna Lauria (18 ans) et blesse Jody Valente (19 ans). C'est le début des meurtres en série et le début d'une enquête et d'une chasse à l'homme qui dureront plus d'un an. Jody Valente décrira son agresseur comme un homme blanc âgé d'une trentaine d'années aux cheveux bruns bouclés. Les voisins avaient remarqué une voiture jaune garée à proximité de celle de Donna Lauria. Les soupçons de la police se portent sur un règlement de compte entre mafieux.

• Trois mois après le premier meurtre, dans le quartier de Queens, un tireur fou tire sur la voiture de Rosemary keenan (18 ans). Le passager, Carl Denaro (21 ans) reçoit une balle à l'arrière du crâne. Carl Denaro, grièvement blessé, sera transporté à l'hôpital et s'en sortira avec une plaque en métal à l'arrière de son crâne. Les policiers ne font pas le rapprochement entre ses deux affaires, car les lieux sont très éloignés l'un de l'autre.

• Le 27 novembre 1976, toujours dans le Queens, David Berkovitz tire sur deux jeunes femmes, Joanne Lomino et Donna DeMasi. Les deux filles sont grièvement blessées, mais ont pu témoigner. Elles ont vu un homme marcher de l'autre côté de la rue et se précipiter sur elle. Toutes les deux ont d'abord pensé que l'homme allait leur demander un renseignement. Et c'est d'ailleurs ce qu'il a fait. Au milieu de la discussion, il sort une arme de sa ceinture et tire sur les deux femmes, comme un fou. Il ne fera que les blesser. Les deux femmes décriront leur agresseur comme un homme blanc aux longs cheveux blonds.

• Le 29 janvier 1977, John Diel (30 ans) et Christine Fiel (26 ans) sortent tranquillement du cinéma. Ils viennent de voir Rocky. Ils vont dîner à la Wine Gallery sur Austin Street pour fêter leurs fiançailles. Ils sont heureux. Puis, un peu après minuit, ils rejoignent leur voiture pour rentrer chez eux. À peine installés dans leur carrosse, la vitre du côté passager vole en éclats explosée par l'impact d'une balle. Christine Fiel est touchée à la tête et décédera quelques heures plus tard. Sur la scène de crime, des balles de calibre 44 sont découvertes. Elles proviennent d'un revolver Bulldog. C'est la même arme que les quatre affaires précédentes. Le lien est donc établi. Ce qui cloche, c'est que les témoins ne décrivent jamais le même homme.

• Le 8 mars 1977, Virginia Voskerichian (19 ans) est abattue à bout portant au visage, à Forest Hill, à 19 h 30, alors qu'elle rentrait chez elle. Un témoin dira avoir vu un homme mesurant environ 1,70 m, jeune, environ 18 ans, portant un passe-montagne. Encore une fois, les descriptions du tueur ne concordent pas.

• Le 16 avril 1977, dans le Bronx, non loin où fut découverte la première victime, Valentina Suriani (18 ans) et Alexandre Esau (21 ans), se font gaiment des câlins à bord d'une Mercury Montego. Valentina est même assise sur les genoux de son petit ami. Excellente soirée en perspective ! Mais leur douce étreinte s'arrêtera net, stoppée par des balles. Les deux premiers projectiles viennent directement se loger dans le crâne de la jeune fille, les deux suivants touchent le haut de la tête d'Alexandre qui mourra deux heures plus tard. Un policier, chargé de l'enquête, découvrira une enveloppe blanche adressée au Capitaine Joe Borelli, au milieu de la rue, à quelques pas de la scène du crime.

• Le 25 juin 1977, dans le Bronx, Judy Placido (17 ans), une amie de Valentina Suriani, et Salvatore Lupo discutent tranquillement, lorsque l'adolescente reçoit une balle au poignet, balle qui continue sa course jusque dans le cou de Judy. La balle suivante manque sa cible, et la troisième balle vient perforer l'épaule de Judy. Les deux jeunes gens s'en sortent miraculeusement.

• Le 28 juillet 1977, presque un an après le premier meurtre, Bobby Violante et Stacy Moskowitz se retrouvent dans un endroit tranquille pour se bécoter à souhait. C'est là que Bobby gare sa voiture en dessous d'un réverbère du Shore Parkway (parc surnommé l'allée des amoureux). Avant eux, Tommy Zaino et Debbie Crescendo avaient occupé cette place, mais l'avaient jugé trop éclairée. Robby propose à sa belle de faire une petite promenade dans le parc. Près des toilettes. publics, ils remarquent un homme en jean à l'allure hippie. De retour à la voiture, ils s'enlacent et s'embrassent à pleine bouche. Ce magnifique baiser est interrompu par une explosion tonitruante. Bobby reçoit deux balles en pleine face, ce qui lui fait éclater les tympans et le rend aveugle. Stacy est grièvement blessée et meurt 38 heures plus tard.

L'enquête :

Les policiers pataugent, aucune piste valable n'est retenue, aucune preuve tangible n'est retrouvée. Un détachement spécial pour cette affaire est créé le 19 avril 1977 par John Keenan. La police est submergée par les témoignages et reçoit plus de 250 appels par jour, qu'il faut trier. Alors, l'enquête n'avance pas.

Ce n'est qu'avec le double meurtre du 16 avril 1977 et la découverte de la lettre laissée par le tueur, que l'enquête prend une autre tournure. Il ne peut plus y avoir de doute : le tueur est un fou disant obéir à son père Sam, qu'il considère comme un vampire buveur de sang. Le tueur dit prendre plaisir à tuer des gens, en particulier des femmes à la longue chevelure. Malheureusement, aucune empreinte n'a pu être exploitée sur l'enveloppe.

Voici la fin de la lettre, la totalité ne pouvant pas être reproduite :

« JE DIS AU REVOIR ET BONNE NUIT.

POLICE : QUE CES MOTS VOUS HANTENT :

JE REVIENDRAI !

JE REVIENDRAI !

CECI EST A INTERPRETER COMME — BANG - BANG — BANG

BANG — BANG —UGH !!

BIEN A VOUS DANS LE MEURTRE

M. MONSTRE. »

Pure folie meurtrière ? Délire d'un psychopathe ? Maladie mentale ? Possession démoniaque ? Le mystère reste entier. Les spécialistes qui planchent sur cette lettre remarquent une chose étrange : le criminel orthographie le mot women (femmes) comme le mot demon (démon).

Pour le bon déroulement de l'enquête, cette lettre est tenue secrète. Ce n'est qu'après que le journaliste Jimmy Breslin la publie dans le Daily News.

Le 1er juin 1977, c'est au tour de Jimmy Breslin, notre journaliste au Daily News de New York, de recevoir une lettre du fils de Sam. Cette lettre fait froid dans le dos. Au lieu de la publier telle quelle, le journaliste va la publier petit à petit, sur plusieurs jours, afin d'augmenter les tirages de son journal. Bientôt, une autre lettre arrive au journal, document qui sera aussi publié par à coup.

C'est cet immense battage médiatique qui rendra célèbre David Berkowitz, alias le Fils de Sam. Les lettres comportent de nombreux passages étranges, des noms bizarres, une référence aux 22 disciples de l'enfer, un Duc de la Mort, ou un personnage de John Wheaties, décrit comme un violeur et un étouffeur de fillettes. Le tueur dit être le fils de Sam (d'où son surnom) et dit être poussé par Satan à commettre les crimes. Il dit voir et entendre des démons. Rien ni personne ne peut l'arrêter, sauf la mort.

Ces lettres seront très peu exploitées par la police, car ce qui y est écrit est incompréhensible. Le tueur parle en énigmes.

Ce n'est qu'à partir du dernier meurtre, que l'enquête se met à avancer. En effet, Tommy Zaino, qui se tenait près de la scène de crime, a tout vu. Il donne un signalement précis du tueur, le décrivant comme un homme blanc, avec une perruque blonde. Sauf que le doute persiste toujours, car les témoignages ne concordent pas avec cette description du personnage. Un coup brun frisé, un coup blond, un coup grand, un coup jeune, un coup grand, un coup petit… Y aurait -il plusieurs tueurs ?

D'autant plus que plusieurs témoins, lors du dernier crime, remarquent une Volkswagen jaune garée à l'entrée du parc.

Quelques jours après cette sordide histoire, Cacilia Davis se présente à la police. C'est un témoin très important, qui va permettre l'arrestation du Fils de Sam. En effet, la nuit même où Stacy Moskowiz a été tuée, Cacilia Davis discutait dehors avec un ami à elle. Elle a vu la voiture jaune, elle a vu un agent de police lui mettre une contravention pour mauvais stationnement et c'est en recherchant cette contravention que les enquêteurs remontent la piste de David Berkowitz. Après quelques vérifications, ce dernier est arrêté le 6 août 1977, à bord de sa voiture. Très vite, David Berkowitz passe aux aveux et sera condamné à 665 années de prison ferme (on était presque au chiffre 666 !)

En prison, comme pour se racheter, David Berkowitz est pris d'une véritable passion pour l'épistolaire. Il écrit même des lettres à ses fans leur racontant les mémoires d'un tueur et rejoint l'Église quelques années plus tard.

Mais l'histoire ne s'arrête pas. Ça serait trop simple. L'histoire cache une réalité bien plus sordide.

John Hockenberry considère que l'enquête policière a été bâclée et que trop de questions restent en suspens. Il fera sa propre enquête et ouvre le dossier en 1996. Il découvre que toute l'affaire repose sur une théorie du complot. En voici l'explication :

Des anomalies flagrantes sont découvertes. Tout d'abord, les témoins ne décrivent pas le même personnage, ce qui peut signifier qu'il y a plusieurs tueurs. De plus, lorsqu'on fouille le passé de David Berkowitz, on s'aperçoit qu'il avait été le voisin d'un certain Sam Carr, qu'il idolâtre. D'où son surnom de Fils de Sam. Sam Carr avait deux fils, John et Michael, qui haïssaient leur père. John Carr était surnommé "Wheaties, violeur et étouffeur de fillettes", le même nom qui a été retrouvé sur une des lettres de David. Et pour couronner le tout, John avait des cheveux longs et blonds. Il pourrait être un des tueurs.

À l'époque où David résidait à Walden (une banlieue de New York), 85 bergers allemands et dobermans furent retrouvés morts écorchés vifs. Coïncidence ? Le journal ne croit pas en cette thèse. David n'aime pas les chiens, il dit même que Satan prend possession d'eux pour lui parler. Dans ce même quartier, John Hockenberry découvre une secte d'adorateurs de Satan qui organise des cérémonies sanglantes.

Peu de temps après l'arrestation de David, John Carr est retrouvé mort une balle dans la tête, avec le chiffre 666 inscrit sur sa main avec son propre sang. Suicide ou vengeance ?

Le journaliste découvre, en fouillant dans l'ancien quartier du tueur en série, que David avait été enrôlé par Michael Carr dans une secte pratiquant l'occultisme. Peu de temps après cette découverte, Michael se tua au volant de sa voiture. Coïncidence ou meurtre perpétré pour l'empêcher de parler ?

Encore aujourd'hui le mystère reste entier. Ce que je peux dire de toute cette macabre affaire, c'est que tous les éléments sont réunis pour nous faire penser qu'il s'agissait bien d'une possession démoniaque : secte satanique, cérémonies sataniques sanglantes, séances occultes...

Avant d'en finir avec cette affaire, j'aimerais ajouter que David Berkovitz a toujours dit avoir entendu des voix lui demander de tuer. Ces voix venaient le plus souvent de chiens, et notamment du chien de Sam Carr, qu'il tua par la suite.

Voici quelques-unes de ses citations macabres :

• « Je n'aurai jamais cru être capable de tuer. Je n'y croyais pas. J'ai juste tiré, comme ça, dans la voiture, dans le pare-brise. Je n'ai même pas su si elle était touchée », David Berkowitz, au sujet du meurtre de Donna Lauria.

• « Je le sens de plus en plus… Les filles disent que je suis moche, ce sont elles qui m'ennuient le plus », David Berkowitz, dans une lettre à son père un mois avant le premier meurtre.

• « Salut depuis les caniveaux de New York, remplis d'excréments de chiens, de vomissures, de vin éventé, d'urine et de sang » David Berkowitz, dans sa lettre à la presse.

• « Sam est assoiffé. Il ne me laissera pas m'arrêter de tuer tant qu'il n'aura pas eu son content de sang », David Berkowitz, dans sa lettre à la presse.

• « À ce moment-là (le tueur parle de l'agression de C. Freund et J. Diel), je pense que ça ne me faisait plus grand-chose, parce que je m'étais convaincu que c'était bon de le faire… et que le public voulait que je le fasse. »

• « Oui, les démons sont réels. Je les ai vus, j'ai senti leur présence, et je les ai entendus » David Berkowitz dans son journal tenu en prison.

• « Salut ! Je suis Mr Williams et je vis dans ce trou. J'ai plusieurs enfants et je suis en train d'en faire des tueurs. Attendez qu'ils grandissent. Mes voisins, je n'ai aucun respect pour eux, je les traite comme de la merde. Sincèrement. » Inscription trouvée dans l'appartement de David Berkowitz.

• « Je ne suis jamais heureux. Je suis plutôt triste. Très souvent, je pleure quand je suis seul dans ma cellule. Je suis très nerveux. Je n'arrive jamais à me détendre. Je vais faire une dépression nerveuse. Au secours je suis possédé ! Je dors mal. J'ai envie de hurler. Il faut me tuer. Des démons me tourmentent. Je n'y arriverai pas. « Inscriptions trouvées sur les murs de sa cellule.

• « Les démons me protégeaient. Je n'avais rien à craindre de la police » David Berkowitz, après son arrestation.

Dans ces écrits, le tueur nous montre qu'il est aux prises avec des démons, il appelle à l'aide, il veut qu'on l'exorcise. Peut-être qu'un exorcisme aurait pu sauver de nombreuses victimes.

Un an après sa condamnation et après avoir subi une tentative de meurtre, David Berkowitz donna une conférence de presse de la prison d'Attica où il était enfermé. Il nia toutes ses déclarations sur Sam Carr, ainsi que sa possession démoniaque. Il dit que ses actes n'étaient que de la rancœur envers les femmes. En 1987, il rejoint l'Église Évangélique chrétienne. Aujourd'hui, il s'est repenti et se tourne vers Dieu. On l'appelle le Fils de l'Espérance, celui qui a réussi à vaincre le Mal. Curieux non ? D'un côté, il nie avoir entendu des démons, de l'autre il trouve le repos dans la prière... On sait que les évangélistes réalisent beaucoup d'exorcismes, donc on peut penser qu'il a trouvé une aide précieuse chez eux pour se délivrer du démon.

L'immeuble où il habitait est devenu un lieu de pèlerinage pour curieux. Les curieux en mal de sensation y ont dérobé des fragments de moquette, des poignées de porte, ont gratté la peinture..., tout cela pour rapporter un "souvenir" chez eux. Ces gens ne savent pas que cela peut être dangereux pour eux. Jamais cet appartement ne fut reloué.

Ce fait divers a inspiré le film de Spike Lee, "Summer of Sam", comme quoi le macabre fait vendre. En parlant de macabre, David Berkowitz a gagné beaucoup d'argent en racontant son histoire et il s'est servi de cet argent pour faire voter une loi appelée "Son of Sam laws" qui veut que tous les profits générés par les criminels en commercialisant leurs infractions soient reversés à un fond d'aide aux victimes.

8.4) Le procès du Démon ou l'affaire d'Arne Cheyenne Johnson

L'affaire Arne Cheyenne Johnson est une histoire tirée des dossiers Warren, les célèbres enquêteurs du paranormal des années soixante. C'est une histoire de possession diabolique qui se termine par un procès connu sous le nom du procès du Démon. Cette affaire est le premier cas connu aux États-Unis dans lequel la défense a plaidé la possession démoniaque pour innocenter Arne Cheyenne Johnson d'un meurtre macabre commis sur la personne d'Alan Bono.

Arne Cheyenne Johnson n'a que 19 ans lorsqu'il poignarde à plusieurs reprises Alan Bono, âgé de 40 ans, le patron de sa fiancée Debbie Glatzel. Pourquoi a-t-il commis un tel acte ?

Arne Cheyenne Johnson est décrit comme un garçon sympathique, gentil et travailleur. Rien en lui ne pouvait laisser présager des tendances meurtrières. Et pourtant...

Son histoire et son procès ont été largement médiatisés, surtout à cause de la présence d'Ed et Lorraine Warren. Ce fait divers a donné lieu à un film, plutôt à un téléfilm intitulé "The Case Demon Assassiner" et diffusé par NBC. Ce n'est pas la première fois qu'un film est tiré des affaires qu'ont traitées les Warren. On se souvient, notamment, de Conjuring ou d'Amityville.

D'après les Warren, Arne Johnson aurait commis ce meurtre alors qu'il était possédé par un démon. Cette thèse n'a pas été retenue par le tribunal et Arne sera condamné de 10 à 20 ans de prison pour homicide involontaire au premier degré le 24 novembre 1981 par la Cour Supérieur du Connecticut à Danbury. Il sera relâché pour bonne conduite 5 ans après.

À la fin du procès, il restera une interrogation : Arne Johnson était-il possédé au moment des faits ? Il semble que Lorraine Warren en soit totalement convaincue. Pour se faire une idée, découvrons l'histoire d'Arne Cheyenne Johnson et de la famille Glatzel, impliquée aussi dans le débat de la possession démoniaque.

Nous sommes en 1980, dans la ville de Brookfield dans le Connecticut. Arne Cheyenne Johnson est fiancé à Debbie Glatzel. Le jeune couple habite chez les Glatzel en attendant de trouver un logement.

À l'automne, ils trouvent une petite maison, très jolie, près de Brookfield, sur la route d'Hawleysville. La maison possède un petit puits à l'arrière. Ce détail prendra toute son importance dans la suite de l'histoire.

Le 3 juillet 1980, ils décident de nettoyer la maison avant d'y emménager. Pour les aider dans cette besogne pénible, ils font appel aux trois frères de Debbie, âgés de 11 à 14 ans. Le dernier, David, âgé de 11 ans, ressent une présence dans la maison.

Alors que tout le monde se met au travail, les jeunes frères découvrent dans l'une des chambres de la maison un matelas à eau ayant appartenu aux anciens locataires. Ils commencent à s'amuser avec ce matelas. David, lui, reste en retrait. Le matelas le met mal à l'aise. Soudain, il est poussé en arrière par un vieil homme fantomatique, sorti des murs, vêtu d'un jean et d'une chemise à carreaux. Ce dernier le projette violemment sur le matelas. Il entend l'homme lui dire de se méfier avant de disparaître.

Le jeune garçon est terrifié. Il sort en trombe de la maison, en hurlant de peur. Debbie, en voyant son petit frère s'enfuir de la maison, pense qu'il est simplement lassé de briquer la vieille demeure remplie de toiles d'araignée, a trouvé une excuse pour s'esquiver.

À la nuit tombée, Debbie, Arne et les frères de Debbie, retournent chez eux, chez les Glatzel où Judy, la mère et Carl le père, les attendent pour le souper. Carl est mécanicien et Judy femme au foyer. Elle élève ses quatre enfants, trois garçons, dont David et sa fille Debbie, l'aînée.

Pendant le repas, David raconte ce qu'il a vu dans la chambre et comment l'homme à la chemise à carreaux l'a poussé sur le matelas. Personne ne veut le croire. Tout le monde se moque de lui et dit qu'il a trop d'imagination.

Dans la nuit, David fait un cauchemar et se réveille en pleurs. Plus tard, il expliquera avoir vu une bête noire en songe qui le menaçait.

Les jours suivants, David est à nouveau visité par l'homme à la chemise à carreaux. Il raconte cette mésaventure à sa famille, expliquant que cet homme lui est réapparu sous un visage différent, comme brûlé, les yeux noirs, des dents acérées, des oreilles pointues et des pieds de cerf. Judy en a la chair de poule. Pour elle, son fils ne ment pas et a réellement vu cette bête horrible. Elle le croit.

À partir de là, les choses s'intensifient. Des bruits suspects sont entendus dans toute la maison. David commence à se tordre de douleur sur son lit, hurlant qu'il se fait frapper par la bête. Il voit des créatures immondes qui essaient de le tuer. Il entre dans des transes où il vocifère des obscénités, crie. Sur son corps, on peut voir des traces d'ecchymoses, des blessures qui apparaissent spontanément. Sa mère est témoin d'une scène horrible : elle voit son fils tiré par des mains invisibles qui veulent l'étrangler. Une fois, David parle même le latin avec une voix grave comme sortie d'outre-tombe.

David souffre beaucoup. Il dit voir des démons autour de lui. Il dit que les démons veulent prendre son âme. Il dit que les démons le frappent constamment. Des marques de coups sont visibles partout sur son corps d'enfant.

Judy est terrorisée. Elle ne sait pas quoi faire pour sauver son fils. La situation est invivable pour les Gretzel, qui dorment la journée et veillent la nuit pour surveiller David. Le petit est devenu incontrôlable. Il crache, mord, frappe et attaque même ses parents avec un couteau. Il faut agir vite avant qu'un drame ne se produise.

Judy décide d'aller voir le prêtre de sa paroisse, chose qui ne plut pas à Carl Gratziel, le patriarche de la famille et à Carl Junior, l'aîné des garçons. Carl et Carl Jr ne croient pas aux histoires de fantômes et aux entités maléfiques. Carl Jr devient même agressif et se moque du reste de sa famille. Il pense que son petit frère a besoin d'un médecin et non d'un exorciste.

Malgré cela, Judy part trouver un prêtre de l'église de Saint-Joseph, qui accepte de bénir la maison. Mais, cela n'a aucun effet sur David, qui continue à faire des crises de plus en plus violentes. Le prêtre dit à Judy qu'il y a bien une présence maléfique dans le corps du jeune garçon, mais qu'il ne peut pas tenter un exorcisme, car David, qui n'est pas en bonne santé, ne le supporterait pas. Sur les conseils du prêtre, Judy demande l'aide aux Warren. Elle avait entendu parler des Warren et avait même assisté à l'une de leurs conférences. Elle se rend à Monroe, dans le Connecticut, où le couple résidait à l'époque des faits.

Les Warren acceptent de l'aider. Ils se rendent chez les Glatzel accompagnés du Docteur Anthony Giangrasso. À leur arrivée, Carl Glatzel ne veut pas les faire entrer. Mais Judy s'interpose. Lorsque Lorraine Warren voit le petit David, elle distingue une forme brumeuse à côté de lui, une entité maléfique qui semble s'approprier le jeune garçon. L'enfant lui raconte tout ce qu'il se passe, tout ce qu'il endure, comment il est continuellement frappé par une force invisible, comment on tente de l'étouffer en l'étranglant... Il montre les marques de coups qui défigurent son corps. Debbie, Judy et Arne confirment les dires du garçon.

Pour les Warren, David est possédé et le démon est puissant.

L'état de David empire encore. À présent, il grogne, crie et récite des passages de la Bible en latin.

Ed et Lorraine Warren, durant leur enquête, ont été témoins de nombreuses manifestations surnaturelles. Ils ont vu des objets léviter seuls, le rocking-chair se balancer seul... Surtout, ils ont vu David faire preuve d'une grande force, ils l'ont entendu parler une langue étrangère et David a montré des dons de précognition. Le démon aurait même appelé le frère de David pour lui dire de se méfier de lui et a attrapé Debbie, qui un soir dans son lit, a senti une main l'agripper et la serrer très fort. Debbie a aussi vu la créature maléfique.

Trois exorcismes mineurs sont pratiqués sur David. Pour le premier exorcisme, quatre prêtres sont présents. De ces exorcismes, il existe des enregistrements audio. Lorsque les prêtres demandent au démon de se nommer, David récite alors une liste de quarante-trois noms de démons. Quarante-trois démons ont pris possession de son corps. En même temps, le jeune garçon se met à léviter et parle d'un assassinat à coups de couteau. Lors de ce premier exorcisme, David cesse brusquement de respirer pendant un bon moment. Les prêtres croient qu'il est mort et arrêtent le rituel pour le ranimer.

Lorraine, pendant ces séances d'exorcisme, ressent que quelque chose d'atroce va arriver. Elle prévient la police de Brookfield et veut que l'on fasse un vrai rituel d'exorciste. Mais, Nicolas Grieco, le directeur des communications du diocèse de Bridgeport, refuse pour le motif que la famille n'a pas consulté un psychiatre pour évaluer l'état de santé mentale du jeune garçon. Dans la réalité, Judy avait emmené son fils chez un psychiatre. Ce dernier lui avait fait payer la consultation 75 dollars et lui avait dit que pour la prochaine séance, il fallait que toute la famille soit présente. La famille Glatzel n'avait pas les moyens de payer une autre consultation et Judy décida d'en arrêter là avec la médecine.

Arne Cheyenne Johnson assiste à toutes les séances d'exorcisme. Il est témoin de la souffrance de David. À plusieurs reprises, il ordonne aux démons de le prendre lui et de laisser David tranquille. Il se met, même, à les insulter et à les provoquer. Ed et Lorraine Warren le préviennent que cette attitude est très dangereuse, qu'il ne faut jamais se moquer ou défier un démon. Mais, Arne ne veut rien entendre. Il ne supporte pas de voir son petit beau-frère souffrir, il ne supporte pas de voir sa fiancée souffrir de cette situation.

Arne Cheyenne Johnson est un garçon très sensible, un amoureux de la vie, un homme qui travaille dur sans jamais se plaindre. Voir ceux qu'il aime souffrir le met hors de lui. Mais, il n'aurait jamais dû provoquer les démons...

En effet, quelques jours après avoir provoqué les démons, Arne, alors qu'il se trouve à bord de sa voiture, est attaqué par un démon. Sa voiture devient subitement incontrôlable et va s'écraser contre un arbre. Le jeune homme voit le visage du démon. Il veut sortir de la voiture, mais les portes refusent de s'ouvrir. Heureusement, il sort de cet accident indemne. Ce qui n'est pas le cas de la voiture.

Plus tard, voulant en avoir le cœur net et ne sachant trop pourquoi, il ressent une irrésistible envie de se rendre à la maison près de la route d'Hawleysville, la maison qu'il devait louer avec Debbie, mais qu'en fin de compte ils ne prennent pas. Là, il se rend au puits et voit une bête immonde en sortir qui le regarde droit dans les yeux. Arne dira plus tard que c'est à cet instant que le démon l'a réellement possédé.

Quant à David, ses crises cessent à ce même moment et le garçon est jugé normal par le médecin de famille. À la maison, la vie reprend son cours.

Debbie et Arne quittent la maison familiale des Glatzel. Debbie trouve un emploi comme toiletteuse pour chien dans la boutique d'Alan Bono au Brookfield Pet Motel. Alan Bono met à la disposition du couple un petit appartement situé à côté du Brookfield Pet Motel. Le couple y emménage rapidement.

À partir de là, Arne commence à changer de caractère. Il devient nerveux, irascible, voire violent. Pourtant, il était quelqu'un d'un caractère calme et n'avait jamais eu de problèmes avec la justice. Enfant, il chantait dans la chorale de l'église et devenu adolescent, faisait des petits boulots pour gagner sa vie. Il avait même remporté le prix du meilleur livreur de journaux. Il avait utilisé l'argent de ce prix pour acheter une voiture à Debbie, afin qu'elle ne se rende plus à son travail à pied.

Mais, depuis quelque temps, il entre souvent dans des sortes de transes qui le transforment en un monstre. Tout comme David, il se contorsionne de douleurs, crie, vocifère, bave, grogne. Tout comme David, il dit voir une bête. Debbie ne sait pas quoi faire et a de plus en plus peur de son fiancé.

Le 16 février 1981, Debbie est au travail. Elle est accompagnée de Wanda (15 ans) et Janice (13 ans), les sœurs d'Arne, ainsi que de Mary (9 ans), leur cousine. Tout ce petit monde est venu voir comment Debbie travaille et s'occupe des chiens.

Alan Bono, le gérant de l'affaire, vient à son tour au chenil. Alan Bono était un bon vivant, qui aimait parler de lui. Il s'attarde au chenil et fait la conversation aux filles en leur racontant toutes ses aventures de jeunesse. Les filles sont captivées. Plus tard, il les invite à déjeuner au petit centre commercial de la ville. Alan Bono boit beaucoup de vin pendant le repas. Arne, qui rejoint Debbie pour le déjeuner, boit aussi un peu de vin. Alan Bono avait l'habitude de boire beaucoup.

Le repas terminé, toute la troupe rentre au chenil. L'après-midi se déroule sans accrocs. Arne répare le poste de radio d'Alan Bono qui est ravi et le prouve en montant le son. La musique devient assourdissante, assommante, fatigante. Arne se sent fatigué nerveusement.

Le soir venu, Debbie envoie les filles chercher des pizzas. À leur retour, Alan Bono propose de les manger dans son appartement, qui se trouve au-dessus du chenil. Là, il allume la télévision et pousse le son à fond. Enivré, il se met à frapper la paume de sa main avec son poing, faisant encore plus de bruit, encore et encore.

Debbie sent que quelque chose va arriver. Elle veut rentrer, mais Alan Bono refuse de les laisser partir. Il attrape la petite Mary. Arne lui demande de lâcher la petite fille. Alan refuse. Alors, Arne Cheyenne Johnson en état de transe, grognant comme une bête, se jette sur lui et lui assène plusieurs coups de couteau. De là, toujours en grognant et en hurlant, il court en direction des bois. Il sera retrouvé à 3 km de la scène du crime, complètement hébété et sera incarcéré au centre correctionnel de Bridgeport et libéré sous caution pour 125 000 dollars.

Quant à Alan Bono, il est transporté d'urgence à l'hôpital et décèdera quelques heures plus tard des suites de ses blessures. L'arme du crime, le couteau d'Arne, a été retrouvée à côté d'Alan Bono.

Le lendemain du meurtre, Lorraine Warren appelle la police de Brookfield pour leur expliquer qu'Arne Johnson est possédé par un démon et qu'il n'est pas responsable de ce crime atroce. Aussitôt, les médias s'emparent de cette histoire. Les Warren donnent une conférence de presse et promettent d'écrire un livre sur cette affaire afin d'expliquer tous les détails.

Arne Johnson fait appel à Martin Minnella, avocat, pour le défendre. Ce dernier devient subitement très connu. Il assigne les quatre prêtres qui avaient pratiqué les exorcismes sur David en justice et plaide la possession démoniaque pour sauver son client de la prison.

Le procès débute le 28 octobre 1981 devant la Cour Supérieur du Connecticut à Danbury. Le juge en place est Robert Callahan. Ce dernier devient subitement très connu. Il assigne les quatre prêtres qui avaient pratiqué les exorcismes sur David en justice et plaide la possession démoniaque pour sauver son client de la prison.

Le procès débute le 28 octobre 1981 devant la Cour Supérieur du Connecticut à Danbury. Le juge en place est Robert Callahan. Ce dernier rejette la thèse de la possession démoniaque et refuse de croire qu'Arne Johnson était sous l'influence d'un démon au moment du meurtre d'Allan Bono. Pour lui, il n'est pas question de mettre en place une telle défense, une défense aussi anti-scientifique. Alors, Martin Minnella fait valoir la légitime défense.

Le jury délibère pendant 15 heures sur trois jours. Enfin, le verdict tombe. Arne Johnson est reconnu coupable et est condamné pour homicide involontaire au premier degré à une peine de prison allant de 10 à 15 ans, le 24 novembre 1981. Arne Johnson fait 5 ans de prison et est libéré pour bonne conduite. À sa sortie, il épouse Debbie, qui l'avait attendu. Il ne sera plus jamais embêté par un démon.

En 1983, cette affaire inspire un téléfilm qui est diffusé sur MBC. Ce téléfilm, The demon Murder Case ou le procès du démon en français fait grand bruit et est suivi par un livre écrit par Gérald Brittle avec la collaboration de Lorraine Warren, intitulé The Devil in Connecticut. D'après Lorraine Warren, tous les bénéfices du livre ont été partagés avec la famille Glatzel.

Ce livre est réédité en 2006. Carl Glatzel Jr et David Glatzel ont poursuivi l'auteur et l'éditeur pour violation de la vie privée et diffamation. Carl déclare que l'histoire de possession dont a été victime son petit frère David, n'était qu'un énorme canular inventé par Ed et Lorraine Warren pour faire sortir Arne de prison. Il affirme que les célèbres démonologues avaient exploité sa famille afin de se faire connaître.

Carl Glatzel Jr a d'ailleurs lui-même écrit un livre intitulé "Alone Through The Valley", dans lequel il raconte sa version des évènements, version qui est bien différente de celle des Warren.

Quant à Lorraine Warren, elle se défend en disant que son travail auprès de la famille Glatzel n'était que pure vérité et que plusieurs vidéos et enregistrements audio faits au moment des exorcismes sur David peuvent le prouver.

Quant à Arne Cheyenne Johnson et sa femme Debbie, ils ont toujours affirmé que toute l'histoire de possession diabolique était réelle et que Carl Jr a porté plainte simplement pour se faire de l'argent.

Dans cette affaire, plusieurs points restent flous, dont un qui me semble important : comment se fait-il qu'Arne, après le meurtre d'Allan Bono, ne soit plus possédé ? Serait-ce la prison qui a fait fuir le démon ? Peut-être s'est-il tourné vers la religion ce qui lui a permis de se délivrer du démon. Véritable possession démoniaque ou folie meurtrière ? Je pense que l'on n'aura jamais la réponse, comme pour l'histoire d'Amityville d'ailleurs. Par contre, je reste persuadée que les démons peuvent contrôler certains de nos actes. Cette affaire, ainsi que celle d'Amityville et bien d'autres encore, est relatée dans l'ouvrage « Les Meilleurs dossiers Warren » écrit par votre servante.

Conclusion

Je pense qu'il n'y a pas besoin d'autres exemples pour comprendre que la possession démoniaque se manifeste de différentes manières.

J'aimerais conclure cet ouvrage en disant qu'il est important de croire au démon pour pouvoir le combattre. Si l'on croit en lui, en son existence, en ses pouvoirs ordinaires et extraordinaires, alors on croit en Jésus-Christ et l'on a les armes pour le combattre.

La plupart des gens disent croire au démon en théorie, mais ne pas y croire dans la pratique, car, dans la vie de tous les jours, ils n'ont confiance que dans la science. Et malheureusement, de nombreux théologiens partagent cette pensée.

Luigi Lorenzetti, un théologien respecté en Italie, admet que : « le croyant ne peut exclure, dans l'absolu, l'interprétation démoniaque de certains faits. » Mais, il s'empresse d'ajouter : « il est difficile, voire impossible, de définir avec certitude la présence du démon dans les cas concrets. »

Si la plupart des théologiens pensent ainsi, que doivent penser les prêtres alors ? La plupart ne croient pas au mal démoniaque. Ils associent ce phénomène aux machinations et aux escroqueries mises en œuvre par ceux qui abusent de la crédulité populaire pour gagner de l'argent (les sorciers, les magiciens...). Ces prêtres mélangent l'erreur et la vérité. Ils devraient relire les Évangiles !

Ce qui est plus grave encore, c'est que certains exorcistes n'ont même pas le Rituel, ne connaissent aucune des règles à suivre ni les prières à réciter, exception faite d'une traduction incomplète et peu fiable de l'exorcisme de Léon XIII.

En fait, c'est toute une pastorale qui est à reconstruire. Je ne veux pas me mettre l'Église catholique à dos, mais j'aimerais qu'elle prenne conscience que son premier rôle est de combattre le mal. Or, aujourd'hui, l'Église catholique a renoncé à cette mission qui était la sienne, au profit des charlatans et autres magiciens. Les gens ne se tournent plus vers Dieu pour se libérer du mal, mais vers la magie. Et c'est pour cela que le monde va mal. Nous n'avons qu'un seul ennemi, cet ennemi c'est Satan et ce dernier revêt souvent plusieurs noms, dont terroristes, drogues, argent, pouvoir, pornographie...

Bibliographie

Un exorciste raconte — Dom Gabriele Amorth aux éditions du Rocher

Le Prince de ce monde — Nahema-Nephthys et Anubis aux éditions Jourdan

Le livre Secret des Grands Exorcismes — Abbé Julio, aux éditions Lanore

La Bible de Jérusalem

The Devil in Connecticut – Lorraine Warren et Gérald Brittle

Rinnovamento e potenze delle tenebre – Cardinal Suenens aux éditions Paoline

Anneliese Michel — Kaspar Bullinger aux éditions Ruhland

Il Diavolo — Monseigneur Balducci aux éditions Piemme

Traité de l'Enfer, suivi de l'exorcisme de Léon XIII — Sainte Françoise-Romaine

Mais délivre-nous du mal... Traité de démonologie biblique — Alain Nisus

The Exorcism of Anneliese Michel – Felicitas D. Goodman

Histoire de la magie en France — Jules Garinet

Sefer Hayashar — Aben — Esra

Antoine le Grand, père des moines — Saint Athanase

Remerciements

Je tiens à remercier ma famille pour son soutien, Marina, ma fille et Kevin pour la réalisation de la couverture, ainsi que mes lecteurs bêta, Gaëlle, Alyssa et Raphaël.

Je remercie tous ceux qui m'ont accordé du temps afin de m'aider à mieux comprendre l'histoire.

Je remercie ma tante Lucie, qui me soutient, qui a confiance en moi et qui me pousse à aller de l'avant. La même chose pour mon mari, qui m'a toujours poussé à continuer d'écrire.

Et je vous remercie vous, chers lecteurs, qui me lisez, ainsi que tous ceux qui suivent le blogue, qui postent des commentaires, qui me suivent sur les réseaux sociaux. Et j'en profite pour répondre à une question que mes lecteurs et amis me posent souvent : pourquoi l'autoédition ? Parce que tout simplement j'y trouve mon compte. Je suis libre d'écrire ce qu'il me plaît, de publier sans contraintes de temps. Je réalise, avec l'aide de Marina et Kévin, les maquettes des couvertures, je fixe le prix, je choisis la date de publication... Et surtout, parce qu'il est très difficile, pour un auteur non connu, de se faire publier auprès d'une maison d'édition sérieuse. J'ai vécu plusieurs soucis et désillusions avec des maisons d'édition qui n'en ont que le nom, mais qui sont de véritables arnaques pour auteurs en mal de reconnaissance qui perdront de l'argent sans vendre un seul livre.

Table des matières

Du même auteur

- Les Meilleurs dossiers Warren

- Recueil des légendes de la Dame Blanche

- Le Manipulé

- Les 7 + 1 Péchés Infernaux

- Les Purificateurs épisode 1 l'île Poveglia

- Les Purificateurs épisode 2 Amityville

- Les Purificateurs episode 3 Shuyukan

- L'influence du demons dans l'histoire

N°siret 518 653 878 00026
2 impasse de la Grande Fontaine
84350 COURTHEZON
06 43 70 54 63

Dépôt légal : septembre 2017

Achevé d'imprimer en août 2017

Printed by Amazon

www.ingramcontent.com/pod-product-compliance
Lightning Source LLC
Chambersburg PA
CBHW071433090426
42737CB00011B/1651